BERND ZELLER

101 GRÜNDE

Kein Ossi zu sein

RAKE
VERLAG

1. Auflage 2000
© Rake Verlag 2000
Alle Rechte vorbehalten
‹info@rake.de›
www.rake.de
Umschlaggestaltung von Martina Russmann, Hamburg/Alveslohe
Umschlagbild von Martin Perscheid
Autorenporträt von Anja Schachtschabel
Druck und Bindung Koninklijke Wöhrmann, B.V., Zuthpen
Printed in Nederland
ISBN 3-931476-48-0

VORWORT

Auf der Skala der durchschnittlichen Zufriedenheit der Einwohner rangiert Deutschland im weltweiten Vergleich weit hinten, kurz vor Bangladesch. Die einen Deutschen sind unzufrieden, weil sie Ossis sind, die anderen, weil sie Ossis haben.

Auf den Fall der Mauer reagierten die meisten Bundesdeutschen mit der Frage: «Welche Mauer?» Von der Deutschen Einheit erfuhren sie erst durch ihren Steuerbescheid. Dagegen hatten die DDR-Bürger einen Wandel zu vollziehen: sie wurden zu Ossis. Darauf waren sie nicht vorbereitet. Der Sieg des Sozialismus wurde nicht mehr erwartet, geschweige denn der Sieg des Sozialismus über die eigene Bevölkerung.

Mit der Wiedervereinigung hat sich der Ost-West-Konflikt auf absehbare Zeit verschärft. Menschen, die einander zuvor nie begegnet waren, bauten ein System von Vorurteilen auf, das dadurch aufrecht erhalten wird, dass man einander auch weiterhin nicht begegnet. Jedenfalls im günstigeren Falle. Im ungünstigeren Fall kam es zu Zusammentreffen von Ost und West, was auf beiden Seiten das Gefühl der Enttäuschung hervorrief, weil das alles in den Science-Fiction-Filmen viel besser ausgesehen hat.

Solange die Offene Deutsche Frage bestand, war sie im Westen ein wesentlicher Garant für Arbeitsplätze. Vierzig Jahre lang hatten politische Redenhalter und -schreiber, Redakteure, Kommentatoren, Leitartikler, Ost-Experten und Kreml-Astrologen keine Gelegenheit ausgelassen, die aktuelle Lage zu umreißen, zu analysieren und zu interpretieren, um daraus ihre Schlussfolgerungen zu ziehen für die als nächstes bevorstehende Lage. Was dabei vertreten und vorhergesagt wurde, ist leicht beschrieben: alles. Nichts blieb ausgelassen, was nicht als zwangsläufige Entwicklung behauptet worden wäre. Fast nichts. Das einzige Geschehen, mit dem niemand gerechnet hatte, war das, welches durch seinen Eintritt überraschte. Viele der Sachkundigen halten es daher noch immer für inakzeptabel.

Natürlich hatten auch die Maßgeblichen im Osten etwas anderes vorhergesagt, aber denen hat sowieso niemand geglaubt. Man hat sich nur nach ihnen gerichtet.

Der genaue Wortlaut der Deutschen Frage ist nicht überliefert, aber jeder halbwegs Gebildete und sogar Schreiber konnte sich darunter genug vorstellen, um sich an eine Beantwortung heranzuwagen, zumindest einen Beitrag in die öffentliche Diskussion einzubringen. Die Deutsche Frage ist kein Thema mehr, aber nicht, weil sie gelöst oder beantwortet oder auf welche Weise auch immer verschwunden wäre, sondern weil sie so kompliziert geworden ist, dass die Bescheidwisser lieber die Finger davon lassen und sich dafür der Entdeckung von Generationen widmen. Generation ist ein völlig unbelasteter Begriff, ganz anders als Nation, denn zum Glück waren in Deutschland bisher keine Generazis an der Macht. Daher muss sich niemand wegen der Zugehörigkeit zu seiner Generation mit Schuldgefühlen herumschlagen in der Art: «Wenn ich bedenke, wieviel Leid meine Generation über die anderen Generationen gebracht hat, kann ich mich wirklich nur schämen und überwechseln in die Generation Berlin.»

Übriggeblieben vom Ost-West-Problem ist in Politik und Presse nur das Ost-Problem. Wann die Landschaften aufblühen mögen und die Wirtschaft gleich mit, wie lange die Neuen Bundesländer als neu bezeichnet werden können und wie lange sie noch nach Zone aussehen und ob die PDS sich als SPD-Nachfolgepartei etabliert, sind die zentralen Punkte. Selten wird das, was man dabei als das eigentliche Problem ansieht, direkt benannt: die Ossis. Ohne die Ossis wären die Neuen Bundesländer nämlich schon auf Westniveau. So explizit wird das nicht ausgedrückt, denn diese Ossis sind zugleich potentielle Wähler, Käufer und Kunden.

Ossi zu sein ist etwas, von dem man nur abraten kann. Dieses Buch soll den Ostdeutschen ihre Lage verständlich machen und den Westdeutschen helfen, ihre Vorbehalte gegen Ossis zu korrigieren und fundiert gegen bessere zu ersetzen.

B. Z.

ALLGEMEINE SYSTEMATIK

Das Musketier-Prinzip «Einer für alle – alle für einen» ist bei der Klassifizierung der Ossis verwirklicht. Ein Ossi ist erstens ein Ossi, zweitens ein Vertreter der anderen Ossis und drittens eine Verkörperung des gesamten Ossitums. Und das ohne Ansehen der Person. Individuelle Abweichungen werden entweder nicht registriert oder für allgemeingültig angesehen, womöglich gar schwer geahndet.

GRUND 1: DIE KLASSIFIKATION

Natürlich gilt der Satz: Einmal Ossi – immer Ossi. Doch das ist noch nicht alles. Erschwerend kommt hinzu: Einmal Ossi, nur noch Ossi. Ein Briefträger in Kassel etwa wird sich kaum in der Bezeichnung Wessi wiederfinden, wird von niemandem als solcher bezeichnet und von allein nie darauf kommen, einer zu sein. Er ist Deutscher, Hesse, Kasselaner, Angestellter bei der Post und ein Supertyp. Sein Kollege in Halle ist Ossi. Er kann allenfalls versuchen, sich durch weitere Aktivitäten ein zusätzliches Profil zu verschaffen. Dann ist er ein Hallenser Briefaustrage-Ossi. Oder kurz: Ossi.

Die systematischen Bezeichnungen für Tiere und Pflanzen sind zusammengesetzt aus den lateinischen Art- und Gattungsnamen. Dagegen bezeichnet Ossi Spezies und Gattung zugleich. Das ist systemwidrig und entspricht nicht der Abstammungsgeschichte, hat sich aber allgemein durchgesetzt und ist nicht mehr zu ändern. Allenfalls ist von den «Menschen in den Neuen Bundesländern» die Rede. Damit soll auf «Menschen» als den kleinsten gemeinsamen Nenner verwiesen werden oder auch nur daran erinnert, dass alle Ossis ebenso gleich sind wie alle anderen Menschen, die Würde unantastbar ist und wir diese Welt nur von unseren Kindern geliehen haben, bis der letzte Baum gerodet und der letzte Fluss vergiftet ist. Das ist so, als würden Indianer «die Menschen in den Reservaten» genannt.

Die Zonen-Ureinwohner hatten eigentlich nicht genügend Zeit, sich durch ein internes Fortpflanzungsverhalten genetisch anzugleichen. Doch irgendwie haben sie es wohl doch geschafft, vermutlich dank ihres Improvisationstalents. Es ist allerdings in der Fachwelt strittig, ob dieses nicht vielmehr eine Folge des Ossi-Gens sei statt der Ursache, denn die Evolution könnte nur diejenigen Individuen, die durch ihre Gene mit dem Improvisationsvermögen ausgestattet waren, zur Weitergabe ihres Erbgutes ausgelesen haben. Eine überzeugende Ansicht, gegen die nur wieder die Kürze der Dauer spricht, in der das hätte geschehen können; vierzig Jahre beziehungsweise nur 28 Jahre mit Mauer. Doch vermutlich ist die Zahl der Jahre gar nicht das Entscheidende, schließlich war es allen Beteiligten viel länger vorgekommen.

Auf jeden Fall hat die Zeit gereicht, um das dominante Gen ihren Träger noch immer und für alle Zukunft seiner Bestimmung als Ossi auszuliefern.

GRUND 2: STÄNDIGE VERTRETUNG

Ganz gleich, woher genau jemand stammt – wenn er oder sie sich Wessis gegenüber als Ossi zu erkennen gegeben hat oder anhand unvorsichtiger Äußerungen als solcher identifiziert wurde, dann ist der Ort seiner Herkunft klar und endgültig festgelegt als *bei euch*. Wer im Restaurant bestimmte Zutaten abbestellt, weil er sie nicht verträgt oder sie ihm nicht schmecken oder aus anderen Gründen, die niemanden sonst etwas angehen, dann werden die westdeutschen Begleitpersonen mit der Frage reagieren: «Ach, so was gab es wohl nicht bei euch?» Abgesehen davon, dass die Bestellung nur eine Sache zwischen dem Gast und dem Koch ist mit dem Kellner als Mittelsmann, kommen sie nicht auf den Gedanken, der Grund könne im privaten Geschmack, in der Verträglichkeit oder in anderen Gründen liegen, die niemanden sonst etwas angehen. Nein, beim Ossi muss es doch damit zusammenhängen, was er ist, nämlich Ossi, und wo er beheimatet ist, nämlich *bei euch.*

Das gleiche gilt für alle individuellen Eigenschaften, die solche Fragen heraufbeschwören wie: «Hat man das bei euch so gemacht?», «Heißt das bei euch anders?», «War das bei euch auch so?» oder «War das bei euch nicht erlaubt?» Normalerweise ist der Fragesteller sogar wirklich interessiert zu erfahren, welche Besonderheiten vor sich hin existieren mögen da drüben – nun ja, drüben gibt es nicht mehr, also bei denen eben, die er in seine multikulturelle Toleranz zu integrieren gern bereit ist. Natürlich nicht gleich alle auf einmal, aber vertretungsweise das Exemplar, das er gerade vor sich hat. Man weiß ja auch wenig; das Leben und Verhalten der Elefanten ist besser erforscht, über die Delphine weiß man dank Jaques Cousteau halbwegs bescheid, auch der Yeti wurde von Reinhold Messner erkundet, aber eine Fernsehserie wie *Expedition ins Ossireich* gab es nicht. Ossis vor der Kamera gab es immer wieder, aber da wurde weggezappt, denn man konnte doch nicht ahnen, selbst einmal diesem Wesen in echt gegenüberzustehen. Dann sollte der Ossi seinen prägenden Einfluss auf das Bild bedenken, das sich der Westmensch fortan von allen Ossis und der gesamten Region namens «bei euch» macht.

GRUND 3: REPRÄSENTANZ

Das Gleiche wie «bei euch» gilt auch für den Landstrich mit der Bezeichnung «bei uns», wobei es sich um dieselbe Gegend handelt. Wo ein Ossi ist, da ist die Zone. Sobald ein Ossi in Kontakt tritt mit irgend einer Konkretisierung jener Macht, die da heißt *Der Westen*, ist er für alle anderen Ossis nicht mehr, wer er ist, sondern einer von uns. Vorher nicht unbedingt, aber dann umso vollständiger. Denn es wird von ihm erwartet, immer darauf zu achten, dass er für uns alle spricht, auftritt und herumsitzt und nichts von unserer Identität preisgeben darf. Solange er diese Rolle zur allgemeinen Zufriedenheit ausfüllt, darf er sich vorbehaltloser Sympathiebekundungen sicher sein; hat er irgend etwas erreicht, was man für gewöhnlich nicht erreicht, wenn man den Tag damit verbringt, auf Wessis zu schimpfen, etwa die Erfindung des Kaffeemahlens per Internet oder den Weltrekord im Autoreifenjonglieren, dann erhält er von wildfremden Menschen aufmunternde Worte wie: «Ach, Sie sind das, das ist ja wirklich schön, dass es jemand von uns geschafft hat!» Aufmunternde Worte sind das natürlich für den, der sie sagt. Nur schade, dass diese Leistungen nichts mehr für die internationale Anerkennung nützen.

Aber wehe, wenn der Ossi seine vorgesehene Funktion ablehnt und sich nicht stellvertretend für alle Mitossis das Übel in seiner Gesamtheit aufbürdet, um anschließend die Benachteiligung zu beklagen! Der wird unwiderruflich von der Solidarität ausgeschlossen. Wer uns derart durch den Schlamm zieht, der ist einer von denen!

Grund 4: Zuordnung

Während es noch erträglich sein kann, wenn ein Ossi erdulden muss, dass von ihm auf alle anderen geschlossen wird, ist es weitaus schlimmer zu erleben, dass die Allgemeinheit auf den einzelnen schlussfolgert. Das Anzeichen dafür ist die Anrede «ihr». «Ihr seid halt auu enttäuscht vom goldene Weschte, gell, arbeite muscht äwä überall.» Man könnte darauf entgegnen: «Du kannst ruhig du zu mir sagen», doch das geht am Kern des

Problems vorbei. Der Wessi, der fragt: «Was habt ihr eigentlich gegen die Ausländer, ihr habt doch gar nicht so viele wie wir?», hat über alles und damit auch über die Ossis ein abgeschlossenes Bild und weiß daher über seinen Gegenüber bestens bescheid. Antwortet der, er habe gar nichts gegen die Ausländer, weil er keine kenne, kommt die nächste Frage: «Und warum verprügelt ihr sie dann?»

Der Wessi ist schon ausgelastet damit, die Existenz der Ossis zu akzeptieren, und wäre mit einer zusätzlichen Individualisierung überfordert. Meist leistet der Ossi ohnehin keinen Widerstand gegen die Betrachtung als kleine Ausgabe des ehemals Großen und Ganzen. Er antwortet brav in der Wir-Form und widersetzt sich nur der Zuordnung negativ besetzter Eigenschaften, stellvertretend für alle. Oder versucht zu relativieren: es läge an der Arbeitslosigkeit, dass die Landschaften noch nicht blühen, oder umgekehrt. Beharrt er aber darauf, als Individuum angesehen zu werden und nur für die eigenen Handlungen zuständig zu sein, dann meint der Wessi, jener habe die ganze Sache noch nicht richtig verstanden, und beginnt zu erklären, wie die Ossis sind und warum.

GRUND 5: SONDERFALL

Je nach Sichtweise bei der Kategorisierung werden die Ostdeutschen als Subspezies oder als Nebengattung der Deutschen betrachtet, auf jeden Fall aber als abweichendes und gesondertes Phänomen. Die Statistik über geplatzte Hosennähte im Westen führt zu Kommentaren mit dem Titel: «Die Deutschen platzen aus den Nähten», wogegen sich die Kommentatoren anhand der Statistik über geplatzte Hosennähte in den Neuen Bundesländern den Kopf zerbrechen: «Warum sind die Ostdeutschen so?» Üblicherweise lautet die Antwort sinngemäß: weil sie Ossis sind.

Wo es um Deutschland im Allgemeinen geht, zum Beispiel warum man da nicht leben sollte (siehe *101 Gründe Nicht in Deutschland zu leben*), bezieht sich das nur auf das richtige, westliche Deutschland. Sind auch die Ossis betroffen, kriegen sie speziell bescheid gesagt, so ähnlich wie allenthalben dazugesagt werden muss, wenn außer den normalen Leuten auch Frauen gemeint sein sollen.

Dadurch haben sich die Ossis eine permanente Abwehrhaltung angeeignet. Aus einem realen oder vermeintlichen Rechtfertigungsdruck heraus möchte jeder am liebsten erklären: Ich bin wirklich aus dem Osten, aber ich habe niemandem geschadet.

DIE DDR

Die DDR war der erste Staat auf deutschem Boden, der allen Bürgern garantierte, dass nicht alles schlecht ist. Sie verschwand, und das ist das beste, was über sie zu sagen bleibt. Weil ein Ossi jemand ist, der in ihr gelebt hat, muss dringend davon abgeraten werden, Ossi zu sein.

GRUND 6: KRIPPE UND KINDERGARTEN

Das System der Kinderbetreuung in der DDR war vorbildlich. Für alle Diktaturen. Die emotionale Entwicklung wurde betrieben durch die Liebe zur Sowjetunion sowie – wegen der Bezugsperson – die Liebe zu Lenin. Ihre Gehilfen Ulbricht und Honecker waren dafür zuständig, die Liebe zu erwidern.

Die Kleinen konnten sich auf das Großsein freuen und es kaum erwarten, bis sie endlich ihren Ehrendienst in der Volksarmee ableisten durften. Braves Verhalten blieb nicht unbedeutend und folgenlos, nein, die Kinder waren wichtig, und deswegen hatten sie schon im frühen Alter mit Bravsein die Chance auf eine saubere Akte. Garstige Kinder bekamen garstige Vermerke hineingeschrieben, aber schließlich muss niemand garstig sein, und wer dem Staat mit einem Kindergartenplatz auf der Tasche liegt, soll sich auch benehmen.

Man erinnert sich heute gern an den garantierten Anspruch auf einen Tagesstättenplatz. Der Anspruch garantierte allerdings nicht unbedingt den Erhalt eines solchen. Auf zwei weiteren Tatsachen basiert der nachträglich gute Ruf der Krippen: Natürlich sind alle Eltern dankbar und froh angesichts der Möglichkeit, ihre Kinder loszuwerden. Und in Relation zu den hohen Stückzahlen der Fließbanderziehung wurden nur verblüffend wenige der Objekte zu Schwerverbrechern.

GRUND 7: PIONIERORGANISATION

Schon bei ihrer Gründung konnte die Pionierorganisation an reiche Traditionen anknüpfen und Liedgut aus dem vorhergehenden Reich recyclen. Pioniere waren allseits beliebt, denn Pioniere sind Kinder im Dienst. Pioniere waren wir alle, und wer will nicht zu allen dazugehören. Mittels dieser Organisation ist der Staat mit uns schlitten gefahren, hat mit uns gebastelt und gesungen. Wen das persönlich nicht sonderlich begeisterte, fand es doch prinzipiell schwer in Ordnung, weil die hoffnungslosen Westberliner Jugendlichen statt mit Drogen auf dem Bahnhof ihre Wartezeit auf eine Lehrstelle lieber mit Rodeln, Singen und Basteln überbrücken würden. Fröhlich sein und singen – das war fast schon Fun-Generation.

Sogar das Altpapier war knapp. In seinem *Persönlichen Auftrag* verzichtete der Pionier niemals auf die Selbstverpflichtung, noch mehr Altpapier einzutreiben. Wenn die Erfüllung nicht in vollem Umfange gelang, dann lag das selbstverständlich nur an den seltenen Öffnungszeiten der Sekundärrohstoffannahmestellen; eine schwer widerlegbare Argumentation. Dadurch entwickelte sich schon früh ein gewisses Verständnis dafür, wie Planwirtschaft funktioniert.

Während die Altstoffsammlungen die Basis im dialektischen Kampf darstellten, waren der Überbau die Vorführungen von Kulturprogrammen. Die ausgewogene Abwechslung von Lied und Gedicht wurde pioniernachmittagsfüllend geprobt und zu gesellschaftlichen Höhepunkten aufgeführt. Wieder fünf Seiten Erfolgsmeldungen im Gruppenbuch.

Irgendwann wurde die Gruppe vorbereitet auf das Verlassen der eingenommenen Zustandsform und den Übergang in eine neue Bewusstseinsstufe. Auf den Versammlungen begründete der reife Pionier das Begehren, in die FDJ aufgenommen werden zu dürfen. Hauptgrund war das fortgeschrittene Alter. Denn eines muss man der Pionierorganisation anrechnen: Sie war von allen Massenorganisationen, in die ihre Mitglieder ohne eigenes Zutun hineingerieten, die einzige, die sie zwangsweise wieder ausschloss.

GRUND 8: SCHULE

Die Schüler in der DDR wurden nicht nur lesen und schreiben gelehrt, sondern auch, was sie lesen und schreiben durften. Bei dem Übergang vom Ich zum Wir hielt sich die Volksbildung nicht lang beim Ich auf. Nicht umsonst war das Schimpfwort für ungezogene Abweichler Individuum, mit der Steigerungsform Element.

Ein umfassendes Betreuungsverhältnis ging weit über den Unterricht hinaus. Die Manifestation gegen die Borkenkäfer, das Winken bei der Friedensfahrt, der Besuch des mongolischen Filmepos über den Hundertjährigen Krieg oder das Arbeiten und Erholen im Lager für Arbeit und Erholung waren über die Schule zentral organisiert, ebenso das Manöver in den Winterferien, damit niemand auf eigene Faust die Heimat verteidigt. Auf dem Schulhof im Kreis gehen und Antreten verhinderten den Irrtum, es handle sich bei der Hofpause um freie Zeit.

Was macht eigentlich der ehemalige Staatsbürgerkunde-Lehrer? Der mit der Brille und dem dünnen, nach hinten gekämmten Haar, durch das er immer enthusiastisch mit der Hand fuhr, wenn er besonders überzeugt für seinen Klassenstandpunkt argumentierte, den er in seiner Aktentasche griffbereit mit sich herumzutragen schien? Der beim Gesetz vom Umschlagen des Widerspruchs in die höhere Negation mit seinem Blick sagen konnte: «Wir stehen auf der richtigen Seite der Geschichte»? Oder seine korpulente, etwas übergeschminkte Kollegin mit der Dauerwelle, hinten kurz, und der laut piepsigen Stimme? Sie leben heute unbehelligt in der BRD.

GRUND 9: FDJ

In die FDJ trat das Wir geschlossen ein, und nicht zum Wir dazugehören zu wollen, das wäre gewesen wie freiwillig sitzenbleiben. Die Freie Deutsche Jugend war die Kampfreserve der Partei, deren Führung schon einen ziemlich abgekämpften Eindruck machte. Der Ausdruck «Reserve» vermittelte jedoch die milde Vorstellung, es würde nicht sofort richtig ernst. In der kommoden Diktatur war die Staatsjugend auch nur schnell wie die Pudel, zäh wie Dederon und hart wie Plaste und Elaste.

Als Behörde für das frohe Jugendleben diskutierten die Kreis- und Bezirksebenen allen Ernstes angeregt darüber, ob nicht Klassiker des Hard Rock zum Gastauftritt engagiert werden sollten und wenn ja, welche zumutbar für die bis dahin unbescholtenen Rezipienten wären. Hauptsache, die werden über das Ausbleiben von Udo Lindenberg hinweggetröstet.

Die Fackelumzüge lieferten schöne bunte Bilder für das Farbfernsehen, die vorher nur in schwarz-weiß bekannt waren. Die wichtigste gesellschaftliche Aufgabe der FDJ nahm sie im Rahmen ihrer Möglichkeiten geflissentlich wahr. Mittelmäßige Taugenichtse, die heute Banken versenken, und Studenten, die für ihr Fach nicht tragbar waren, wurden abgeschöpft und mit dem Posten des hauptamtlichen Sekretärs unschädlich gemacht.

GRUND 10: ZEITUNGEN

Sie sahen aus wie Zeitungen, ließen sich blättern wie Zeitungen und waren bedruckt wie Zeitungen. Die DDR-Zeitungen sind eines der einschlägigen Beispiele dafür, wie jeder Begriff durch die Voranstellung des Präfix «DDR-» diskreditiert und in sein Gegenteil verkehrt werden konnte. Die Titel «Volksstimme», «Freie Presse» oder «Neueste Nachrichten» stimmten schon mit dem ersten Blick auf den Schwindel ein.

Die Leistung der Journalisten soll nicht herabgewürdigt werden. Es ist keine leichte Aufgabe, Tag für Tag immer wieder die gleiche Zeitung zu machen. Die Leser waren darauf geschult und nicht verwundert. Sie glaubten nur, es stünde jeden Tag etwas anderes zwischen den Zeilen. Auch das erwies sich als Schwindel.

Etwas Schmeichelhaftes indes bot das Pressewesen dem Leser. Wenn die Partei- und Staatsführung, so meinte er fühlen zu dürfen, diesen ganzen Aufwand betreibt und mir meine Anschauung schwarz auf weiß jeden Tag nach Hause über den Postzeitungsvertrieb zustellt, dann zeigt sie ein immenses Interesse an mir und dann muss ich wirklich wichtig sein! Und wenn die Journalisten es nicht gerade besonders geschickt anstellen, ist das verzeihlich; sind ja auch nur Menschen. Damit war der Schwindel perfekt.

GRUND II: DIE SOZIALPOLITISCHEN MASSNAHMEN

Die sozialpolitischen Errungenschaften der DDR werden noch immer von vielen ehemaligen Bürgern gelobt. Zu Recht. Denn ihnen verdanken sie ihre Existenz. Das Regime misstraute dem vorhandenen Volk und wollte gerne eines, mit dem es nochmal ganz von vorn anfangen konnte. Nur das neue Volk austragen musste das alte Volk noch selbst. Mit zinslosen Krediten kauften sich die jungen Ehepaare Schrankwand und Waschmaschine, in Form von Kindern konnten sie die Schuld tilgen und machten sich daher keine verfrühten Gedanken, wo in der Wohnung noch für das Kind Platz sein solle zwischen Waschmaschine und Schrankwand.

Das hatte die Führung schon ganz richtig verstanden: Wer am allgemeinen Glück teilnehmen soll, muss zuerst einmal gezeugt werden und hat danach ein Leben lang Zeit, seine Dankbarkeit zu beweisen.

Kurz vor Ende der DDR wurden die vorhandenen sozialpolitischen Maßnahmen erneut verschärft. Mehr Baby-Jahr und mehr Mutterschutz, damit auch die letzten fortpflanzungsfähigen Organe in die Produktion gehen. Irgendwann muss bei einem Staatsbesuch in den Bezirken eine Lücke in der Kinderkette am Straßenrand geklafft haben. Honni winkte für einen Moment ins Leere und diktierte noch im Auto den Gegenplan zu laufenden Familienplanung. Manche hielten das inoffiziell für ökonomisch unvertretbar. Das ist nicht richtig, denn volkswirtschaftlich war es immer noch billiger als die Entwicklung humanoider Roboter.

GRUND 12: DIE VERFASSUNG

Während in anderen Ländern einfach geputscht wird, stand in der DDR die führende Rolle der Partei in der Verfassung. Damit alles seine Ordnung hat. Wozu sie sonst noch diente, ist nicht bekannt.

Die verfassungsmäßigen Nationalfarben Schwarz, Rot und Gelb waren ständig anzutreffen, nicht nur auf Fahnen und Wappen, allerdings nur dort in den reinen Farben. Darüberhinaus waren sie überall präsent als ein Gemisch, das ein seltsames Hellbraungrau abgab und einheitlich Häuser, Straßen, Bäume und Gesichter befiel.

Juristen zerbrechen sich im Zusammenhang mit den Mauerschützenprozessen den Kopf darüber, ob die DDR-Verfassung dem Grundgesetz vergleichbar ein Grundrecht auf Schutz des Lebens gewährte. Auf eine juristische Auslegung war die DDR-Verfassung nicht vorbereitet. Jedenfalls war die Einführung eines derartigen Verfassungsartikels nicht möglich. Das Staatsziel des Umweltschutzes wurde aufgenommen, als die

Umwelt am Ende war, und damit war allen Bürgern klargemacht, dass sie sich mit ökologischen Belangen lieber nicht befassen. Wäre der Schutz des Lebens in den Verfassungsrang erhoben worden, hätte das zu einer nie dagewesenen Massenpanik geführt.

Grund 13: Fernsehen

Das DDR-Fernsehen sollte sich als avantgardistisch und richtungsweisend für die weitere TV-Entwicklung erweisen. Lange vor den privaten Sendern und den nachziehenden öffentlich-rechtlichen Anstalten bewies es, man kann den Zuschauern alles vorsetzen, wenn es nur im Fernsehen kommt.

Nur Wenige erinnern sich noch daran, dass es bis in die frühen Siebziger sogar Werbefernsehen gab. «Tausend Tele-Tips» weckten Konsumlust auf Florena-Creme, Badusan und Grünkohl. Damit waren sie weltweit die einzige Reklame, die in einem Werbeblock die gesamte erhältliche Produktpalette abdeckte.

Leider besaßen die Propagandisten ideologische Vorbehalte gegen Marketing. Ohne die hätten sie die Propaganda marktgerechter aufgezogen, statt solange weiterzumachen, bis sich die Zielgruppe angepasst gehabt hätte. Quotenmessungen hätten ergeben, die Sehbeteiligung der Aktuellen Kamera nimmt nach dem Eröffnungs-Jingle dramatisch ab. Also wurde der Wortanteil reduziert zugunsten der Musik. Zum Beispiel. Oder ein Gewinnspiel am Ende der Sendung mit Fragen nach vorangegangenen Nachrichten. Eine charmante Assistentin dreht die Buchstaben um. «Ich kaufe ein A, ich löse auf: Bei den brüderlichen Gesprächen wurde in allen Punkten volle Einigkeit erzielt!» Als Preis ein Büchergutschein und ein Würfel mit Ausrufezeichen.

Und was war denn der *Schwarze Kanal* anderes als eine sozialistische Vorläuferform von *TV total*? Hätte Karl-Eduard von Schnitzler besser Gitarre gespielt und gesungen, dann wäre auch ihm ein Kultstatus wie Stefan Raab sicher gewesen.

GRUND 14: WARTEN

Der durchschnittliche DDR-Bürger verfügte über die seltene Multi-Tasking-Fähigkeit; er konnte gleichzeitig auf mehrere verschiedene Dinge warten. Es wird sogar von Menschen erzählt, die zugleich in mehreren Schlangen anstehen konnten. Weil die meisten Leute diese Fähigkeit nicht besaßen, wurde für sie durch die Ausdehnung der Wartezeiten auf mehrere Jahre die Möglichkeit geschaffen, diese Tätigkeit zu Hause auszuüben.

Der Personalausweis war das wichtigste Dokument, denn er berechtigte zur Abgabe einer Anmeldung. Darüberhinaus zu nichts, aber immerhin zu dieser wichtigen Handlung, die das Warten in Gang setzte. Anschließend hielt der Anmeldungsinhaber jedes Jahr für ein gewonnenes Jahr. Es mochte auch nur ein halbes gewonnenes Jahr sein, etwa bei der Autobestellung, wo es zwei Jahre dauerte, bis der Termin der Auslieferung um ein Jahr näherrückte.

Die Zeit zu verkürzen war kaum möglich. Man konnte allenfalls Dinge unternehmen, die die Zeit kürzer erscheinen ließen: immer wieder einmal hingehen und nachfragen, persönliche Beziehungen aufbauen oder Verwandte und Bekannte vorbeischicken oder zur Anmeldung überreden. Auf diese Weise entstand der häufig gepriesene zwischenmenschliche Zusammenhalt der Gemeinschaft.

Einen Sonderfall stellten die Ausreiseanträge dar. Repressionen und Schikanen gaben das Gefühl: es geht vorwärts, es tut sich was. Jemandem mit einem Wohnungsantrag wurde ein solches Gefühl nicht vermittelt.

Der allgemeine Wartezustand war indes kein Hauptgrund für die Unzufriedenheit, sondern hatte vielmehr eine stabilisierende Auswirkung auf das System; ein Volk, das wartet, weiß, was die Zukunft bringt.

GRUND 15: STAUB

Der Staub in den Straßen, der Luft und in den Wohnungen war das einzige, woran es niemals mangelte. Als wollte der Strand nicht unter, sondern über dem Pflaster liegen, breitete sich der Staub unmerklich aber stetig aus und überdeckte manches Schlagloch. Er war von schwarzer, ölig-schmieriger Konsistenz, grau im Trockenzustand. Weißen Schnee verwandelte er innerhalb eines Tages zu schwarzen Briketts. Seinetwegen gingen zahlreiche Arbeiter in den Bergbau, weil sie dort vor ihm sicher waren und zudem Staublungenbehandlung bekamen.

Stundenlanges Autowaschen am Wochenende geschah nicht aus Lust am Statussymbol oder als Hobby von denjenigen, die keinen Keller hatten, sondern aus bitterer Notwendigkeit, damit man eine Woche lang sein Auto an der Farbe wiedererkennt. Renovierte Fassaden durften nicht zu lange vor dem geplanten Termin fertig sein, weil sie sonst am Jahrestag, zu dessen Ehren sie gestrichen wurden, wieder in der vorherigen Färbung erschienen wären. Deswegen auch die dezenten Grautöne der Neubauten, deswegen auch die vielen zugemauerten Fenster.

Die Übungen zur Zivilverteidigung, in denen das Herstellen und Anwenden einfacher Gasmasken gelehrt wurde, waren für das Überleben relevanter, als die Teilnehmer glaubten.

Als Ursache des Staubs wird vermutet, er war das einzige, was nicht in den Westen zu exportieren war. Einer anderen Theorie zufolge wurde der Staub für Devisen aus dem Westen importiert und von den Kehrmaschinen gleichmäßig auf den Straßen verteilt.

GRUND 16: PRIVILEGIEN

Bekanntlich gab es in der DDR keine Privilegien. Zumindest nicht für alle. Zum Ausgleich gewährte sie ihren Menschen alles, was die so brauchten oder lediglich wollten, wie ein Privileg. Aus der staatlichen Zuständigkeit für alles folgte keineswegs der Anspruch des Bürgers auf irgend etwas. Außer auf das, dessen Erfüllung in Einheit von Recht und Pflicht ohnehin Sache des Bürgers war.

Mit den kleinen Wohltaten erhielt sich der Staat die Zuneigung der Wir-Mitglieder, und diese erhielten sich mit ihrer Zuneigung zum Staat dessen Wohltaten oder wenigstens die potentielle Aussicht auf die Möglichkeit der Berechtigung zu ihrer wahrscheinlichen Erlangung. Damit war ein zentraler Punkt der proletarischen Revolution verwirklicht und auf Erden schon das Himmelreich errichtet, wo strenger Glaube und regelgemäßes Verhalten die Belohnung herbeiführen. Und nicht nur das – die Gebote bekommen dadurch erst einen Sinn und erleichtern den Befolgenden ihr Befolgen. Sogar ein Rest von Mystik und Unergründlichkeit der Wege blieb erhalten, denn welches positive Auffallen nun welche Belohnung heraufbeschwören würde, blieb im dunkeln, ebenso, welche Misstöne alles wieder zunichte machen könnten. Sicher war nur, wie von der Führung prophezeit, dass unverbrüchliche Zustimmung notwendig war, um das Erreichte zu bewahren. Die herrschende Maxime lautete: Die DDR ist ein souveräner Staat und kann mit ihren Bürgern machen, was sie will.

GRUND 17: ARMEE

Die Nationale Volksarmee wurde zu Recht als die Schule der Nation angesehen. Nirgendwo sonst war so viel Dummheit geballt auf einen Haufen anzutreffen. Traditionell war der

Dümmste der Schulklasse Offiziersbewerber. Wer sich dagegen sträubte, durchs Abitur gezogen zu werden, wurde Unteroffizier.

Für drei Jahre Armee gab es einen Studienplatz. Wer sich dazu verpflichtete, für den ergab es überhaupt erst Sinn, das Abitur zu machen. Diese Regelung hatte durchaus ihre innere Logik. In der DDR herrschten die Prols. Die Intelligenz, die man durch Hochschulabschluss erlangte, berechtigte zum Gefühl, einer Para-Oberschicht anzugehören. Drei Jahre Armee dürften reichen, um vor der Uni hinreichend prolig zu werden.

Nun sind Armeen allgemein nicht gerade ein Zentrum intellektueller Höhe. In der NVA wurde dieser Umstand weiter ausgeprägt durch die besondere Aufgabe, eine Idee zu verteidigen, die durch die gewaltigen Verteidigungsanstrengungen für nicht mehr diskutierbar erscheinen sollte. Viel Aufwand wurde getrieben, damit nicht in Vergessenheit gerate, um was es gleich noch mal geht und warum der Gegner am liebsten sofort die Idee erobern möchte, die er noch früh genug kennenlernen würde, und zwar zu einem Zeitpunkt, den die Führung der Arbeiterklasse für richtig hält. Dadurch bestand die NVA vollständig aus einer einzigen Schwächung der Wehrkraft.

Den Mythos als Friedensarmee darf die NVA behalten. Mit Erfolg bekämpft wurden schließlich nur die eigenen Soldaten.

GRUND 18: PARTEI

Die PDS-Vorläuferpartei SED war für die zivile Verblödung zuständig. Ohne Wählervotum an die Macht gekommen, musste der Führungskreis seinen Regierungsanspruch als historische Notwendigkeit legitimieren, eine äußere Partei um sich sammeln und ein darauf zugeschnittenes Staatssystem aufbauen, innerhalb dessen er nicht nur immer Recht hat, sondern auch immer Recht bekommt. Im Glauben, an der Spitze der Geschichte zu stehen, war die SED die wahre Naturgesetzpartei.

Die wissenschaftliche Weltanschauung erwies sich als ein über Jahrzehnte tragfähiges Surrogat für Intelligenz. Daraus ergab sich die Vorstellung, es müssen nur alle Beteiligten mit dem richtigen Bewusstsein versorgt werden, dann erledigen die dialektischen Gesetze den Rest, ob die Leute das wollen oder nicht.

Dazu gehörte die ständige Vergewisserung: Unser Kurs ist richtig. Die Frage: «Was genau ist jetzt der Kurs?», wäre als Provokation und prinzipielle Meckerei aufgefasst worden, die an der Herrschaft der Anti-Faschisten rüttelt und den Weltfrieden bedroht.

Da nun die gesamte Realität unter Führung der Führung stattfand, hatte sie in Ordnung zu sein. Damit das Volk seine Zustimmung geben und sein Vertrauen ausdrücken konnte, gab es Wahlen. Es hilft nichts, dass einhundert Prozent schließlich ein hochgestecktes Ziel sind – die SED war die erfolgloseste aller Parteien jemals, weil sie als einzige bei Wahlen niemals die angestrebte Prozentzahl erreichte.

GRUND 19: MUSIK

Die DDR-Musik hatte einen hohen Stellenwert für die Identität der Menschen. Wenn das Wetter zu schlecht zum Spazierengehen war, konnten sie zu Hause das Radio aufdrehen und offen sprechen ohne Angst vor Lauschern, weil die Abhörenden diese schrecklichen Klänge nicht aushielten.

Bei uns, so lautete die offizielle Ansicht, werden strenge Maßstäbe an die Qualität der Darbietungen gelegt. Mit einem komplizierten System von Sing- und Spiellizenzen wurden nur solche Sänger an das Publikum herangelassen, die keinesfalls Lust auf mehr machten.

Trotz der rigiden Kontrolle, der sich die Musiker ausgesetzt sahen, waren sie beliebt als Vertreter des kritischen Geistes, die mit Sprache und Klängen den Zensoren eins auswischen. Dem war tatsächlich so. Liedtexte mussten von staatlichen Stellen genehmigt werden. Die lyrischen, metaphernreichen Verse lassen den Eindruck aufkommen, mit ihnen nahmen die Künstler an den staatlichen Stellen, die das lesen mussten, Rache.

GRUND 20: DER BETRIEB

Anders als heute bedeutete der Betrieb nicht einfach nur die Arbeitsstelle, die der Arbeitnehmer zum Arbeitnehmen aufsucht und zum Feierabend wieder verlässt, obwohl es auch in der DDR – was viele nicht mehr wissen – Leute gab, die gearbeitet haben. Aber darum ging es nicht vorrangig. Der Arbeitsplatz war der Kampfplatz für den Frieden, weswegen es möglichst friedlich zuging. Der volkseigene Betrieb war Lebensmittelpunkt für den sozialistischen Menschen, der sich in der Arbeit planmäßig selbst verwirklichte. Hier sah er seinen Anteil am Volkseigentum und nahm es bei Bedarf mit zu sich nach Hause. Hier war das Kollektiv, das den Mensch zu dem machte, was er war: Teil des Kollektivs. Hier zeigte der Staat sein Angebot zum Aufstieg auf die nächste Sprosse.

Hier kam die Betriebsgewerkschaftsleitung ihrer Aufgabe nach: Geld für Beiträge und Soli-Marken eintreiben. Über die Solidaritäts-Konten wurde gemutmaßt, das Geld würde nur vorgeblich für Hilfsleistungen in Afrika verwandt, während man in Wirklichkeit davon Waffen kaufe und an die verbündeten Entwicklungsländer liefere. Das war ein Irrtum; so billige Waffen gibt's doch gar nicht. Die einzige Bestimmung der Soli-Marken war, den Arbeitern das Gefühl zu geben: Wenn jemand derart hartneckig von unserem verdienten Lohn einen Anteil abhaben will, dann muss das Geld wohl etwas wert sein.

GRUND 21: JAHRESTAGE

Das Leben in der DDR spielte sich in zwei abwechselnd wiederkehrenden Phasen ab: Vorbereitung und Durchführung. Dadurch erwuchs in manchen Menschen der seltsame Eindruck, immer wieder dasselbe Jahr zu durchleben.

Die Jahrestage der Staatsgründung wurden merkwürdigerweise länger und besser vorbereitet als seinerzeit die Staatsgründung selbst, kamen dafür weniger überraschend. Nichts in der DDR geschah sinnlos, weil alles zu Ehren von irgend etwas stattfand.

Bei der Führung waren die Jahrestage auch aus einem anderen Grund beliebt. Abgesehen davon, dass sie sich durch sie wieder in die Zeit ihres jugendlichen bis mittleren Alters zurückversetzen konnten, waren die Jahrestage das, was immer sicher planmäßig eintraf.

GRUND 22: INTERSHOPS

Die Intershops widerlegen die Auffassung, Kommunisten und solche, die sich dafür ausgeben, hätten keine Ahnung von Finanzen und Wirtschaft. Die Forum AußenhandelsG.m.b.H. war Eigentum der SED.

Berlin, Halbstadt der DDR, hatte jenseits der Mauer noch einen Westteil, wie er für jede Stadt oder wenigstens jede Kreis- und Bezirksstadt günstig gewesen wäre. Ein solcher Zustand wurde durch die Intershops nahezu erreicht.

Diese Läden mit für Westgeld erhältlichen Westprodukten demonstrierten die Wirtschaftskraft der DDR. Die Überlegenheit der Ost-Planwirtschaft konnte als bekannt vorausgesetzt werden. Um die absolute Größe zu zeigen, musste die unterlegene West-Wirtschaft zum Vergleich herangezogen werden; die normalen Läden hätten da womöglich ein falsches Bild hinterlassen.

Die Käufer haben die erworbenen Waren nicht einfach konsumiert. Wie Kostbarkeiten aus einer anderen Welt wurden leere Bierdosen aufbewahrt und zum Andenken an den gehabten Genuss zu den Kristallgläsern gestellt. Shampoo-Flaschen wurden wieder aufgefüllt mit Ost-Haarwäsche, die Verpackung der Bonbons blieb familiäre Keksdose.

Auch den Bürgern ohne Westgeld hatte der Intershop etwas zu bieten. Sie kamen ab und zu herein, sahen sich um und ließen die harmonische Ruhe auf sich wirken, die sie in keinem anderen Geschäft vorfanden. Sie atmeten tief, und mit dem typischen Aroma in der Nase registrierte ihr Gehirn wohlige Zufriedenheit.

Grund 23: Die Leute

Das Unerträglichste im DDR-Leben waren die Leute. Unfreundlich ist gar kein Ausdruck für ihr Verhalten. Antifreundlich, entfreundlicht, nie wieder Freundlichkeit. Wo der Umgang miteinander außerhalb eines hierarchischen Subordinationsverhältnisses unkodifiziert war, tobte der Bürgerkrieg. Jeder noch so kleine Machtbereich avancierte zum Hoheitsgebiet ohne äußere Einmischung in die inneren Angelegenheiten. Wenn unklar war, wer wem was kann, wurde es empirisch ermittelt. Ursache für dieses Verhalten der Leute waren die anderen Leute. Jeder kam irgendwann einmal in die Rolle des Untenstehenden, nämlich als Kundschaft. Das dabei widerfahrene Leid konnte nur durch Teilung halbiert werden und wurde an den Nächsten weitergegeben. Gegenseitiges Frustzuschieben war das allgemeine Gesellschaftsspiel.

Ein weiterer Antrib im Frustopoly war das Motiv, die anderen mögen bestraft werden dafür, dass sie irgendwas gekriegt haben, was es gerade gegeben hat und nun weg ist, irgendwas dürfen, was nicht alle dürfen, mit ihrem Wohnen das

Wohnungsproblem hervorrufen oder die besseren Beziehungen haben. Vorauseilende Rache sollte ausdrücken: Ich weiß, dass ebenso du ohne meine Existenz besser dran wärst, und dafür hasse ich dich.

Das Streben nach dem größtmöglichen Vermiesungsgrad hätte auch beim Berufswunsch den Ausschlag gegeben, wenn nicht die Berufswahl staatlich gelenkt worden wäre. Kellner, die am besten den Gästen ein Schnippchen zu schlagen verstanden, wurden Oberkellner. Taxifahrer waren keine Chauffeure, sondern Wagenkommandanten. Frauen, die in militärischer Uniform ein zu schlechtes Licht auf die bewaffneten Organe geworfen hätten, wurden Verkäuferinnen. Und für diejenigen, die in der Arbeit keine freie Entfaltung ihres Unfreundlichkeitspotentials fanden, boten Parteien und Massenorganisationen ausreichend Funktionen.

DIE WENDE

Jeden Herbst jährt sich die Wende der DDR, etwas ungünstig gelegen nach der sich ebenfalls jährenden Wiedervereinigung, obwohl jene dieser vorausging. Mit diesem wie auch anderen Paradoxa müssen sich die Schriftgelehrten ab jedem Spätsommer erneut auseinandersetzen. Leichter tut sich das eine Volk, das wir sind, mitsamt dem Westteil, der plötzlich die Forderungen der friedlichen Revolution nach Sparpaket, Solidarzuschlag und Auslandseinsätzen verwirklichen muss.

Mit der 89er Generation wurden die 68er endgültig zu Alt-68ern. Der wesentliche Unterschied der Generationen besteht in der Art des Anstellungsverhältnisses. Die 68er haben eine Dozentenstelle, und die 89er eine ABM.

GRUND 24: DEMONSTRATIONEN

Das Erstaunliche und Ungewöhnliche an der friedlichen Revolution ist nicht ihre Gewaltlosigkeit, sondern die Tatsache, dass sie nur montags stattfand. Wie jeder DDR-Bürge sich bedenkenlos in die längste Schlange anstellte, waren die Montagsdemonstrationen ein Anstehen nach Wende. Je mehr mitmachten, desto mehr kamen dazu, und umso mehr Personal wurde zusätzlich eingeschleust, um die Lage im Griff zu behalten, was als einzigen Effekt die erhöhte Teilnehmerzahl bewirkte.

Dank des Systems von Politschulungen mit Pflichtteilnahme kippte die Stimmung überall gleichzeitig. «Von irgendwelchen Sultanen wird erzählt, sie haben sich verkleidet und unter das Volk gemischt, um zu hören, was die normalen Leute denken! Erich Honecker macht so was nicht!» – «Ja, aber das ist doch so ein alter Mann, dem kann man das doch nicht zumuten.»

Die Führung stand vor der Frage, die Demonstrationen in Leipzig niederzuschlagen oder um Leipzig eine Mauer zu errichten. Für das erstere waren die Demonstranten zu zahlreich, für das letztere mangelte es an Material.

Als sich zeigte, es bleibt ungefährlich, zogen die kleinen Städte nach und gönnten sich eine eigene Demonstration. Bald bemerkten auch die demokratischen Mitläufer, wie sehr sie während ihres Marschs durch die Institutionen immer schon dagegen waren, und schlossen sich der Mehrheit an. Nicht ohne Bedenken zu äußern, denn es mochte schließlich auch wieder andersherum kommen, wer weiß das schon. Einige fragten hinterher, wo es die Teilnahmebestätigung gibt.

Das Schöne und zugleich Bedauerliche in der Erinnerung an diese Zeit ist das Wissen: Nie wieder wird es ein Regime geben, das man mit dem Ruf «Wir sind das Volk!» zum Sturz bringen kann.

GRUND 25: MAUERÖFFNUNG

Mit der von Schabowski verkündeten neuen Ausreiseregelung wollte die Krenz-Regierung den Leuten die Lust nehmen, durch die Donau zu schwimmen und Botschaften zu besetzen. Es hatte zu viel Aufsehen erregt, als Leute, die sonst nie wild auf die Reichsbahn waren, die Züge mit Ausreisenden anhalten und aufspringen wollten. «Diese Regelung tritt meines Wissens sofort inkraft», kommentierte Schabowski den Text, und das sollte heißen: Morgen können alle, die das wollen, auf die Behörden gehen und warten, bis sie dran sind. Dann dürfen sie sagen: «Ich will das Land verlassen», und die strenge Polizistin, die bisher immer entgegnete: «So einen Antrag dürfen Sie nicht stellen, wir können Sie nicht hinaus lassen, da draußen ist nichts!», diese oder ihr Kollege wird den Bürger nicht mehr wie einen Verbrecher behandeln, sondern wie einen gewöhnlichen Bittsteller. So war das gemeint; um eine gewöhnliche Reise ging es gar nicht, denn daran, dass womöglich jemand wiederkommen will, dachten die Gesetzesmacher selbst nicht. Doch sogleich hatte die Mauer ihren öffentlichen Glauben eingebüßt, und die Eingemauerten gingen einfach durch.

Auf der anderen Seite der Grenze war der Jubel ebenso groß, man empfing die Befreiten mit Kaffee, Sekt und Bananen, Frauen in den Peepshows öffneten zur Feier des Tages die Fensterklappen kostenlos. So hätte es bleiben können. Doch die Zonis kauften die grenznahen Läden leer und sorgten damit für eine zeitweise Angleichung der Lebensverhältnisse, mit der sie sich die Sympathien nachhaltig verscherzten.

GRUND 26: WESTGELD

Das Begrüßungsgeld warf ein falsches Licht auf das Wesen harter Währung, indem es durch Anstehen erworben wurde. Bislang war es beim Geld nur darum gegangen, ob man es hatte oder nicht. Plötzlich kam es auch noch darauf an, wieviel Geld man besaß, wie schnell es verdient wurde und womit noch mehr Geld zu machen wäre. Als Sinn und Zweck von Geld war bereits bekannt, dass es in Waren und Dienstleistungen einzutauschen sei. Hinzu kam nun die Erfahrung des Angebotes von Waren und Dienstleistungen, die in Geld einzutauschen sind. Neu war auch, dass das Geld danach alle sein kann.

Schon regten sich warnende Stimmen unter Überschriften wie «Der Preis der Freiheit», «Was kostet die Freiheit?», «Wie teuer wird die Freiheit?» oder «Freiheit – wer hat die überhaupt bestellt?» Die Verfasser hatten natürlich nach dem damaligen Kurs der Ost-Mark richtig gerechnet und die absolute Zahl mit Zehn multipliziert.

«Kommt die D-Mark, bleiben wir – kommt sie nicht, gehen wir zu ihr», war dann auch das gereimte Demonstrationsmotto. Das ließ nichts an Deutlichkeit zu wünschen übrig; so stellen wir uns das Geldverdienen vor.

Mit der Währungsunion wandelte sich die Bedeutung des Westgelds. Nach dem Umtausch und einigen möglich gewordenen Anschaffungen war die D-Mark für die Zonis bald nur noch die Währung, in der sie ihr Konto überzogen haben.

In den «2+4»-Verhandlungen wurde die Ausweitung des Westmark-Gebietes nur auf eine vorübergehende Frist zugelassen. Die Einführung des Euro ist langfristig der Sieg der Ostmark.

Grund 27: Versicherungen

Der bevorstehende Wandel des Gesellschaftssystems brachte naturgemäß bei vielen Menschen Gefühle von Unsicherheit und Verängstigung mit sich. Hier war es die Sache der Versicherungsagenten, all diese Befürchtungen zu bestätigen.

Man wusste genau bescheid, wie die kapitalistischen Makler und Abzocker aussehen, und war auf dickbäuchige Männer mit Zigarre und Zylinder gefasst, die sich womöglich von einem ausgebeuteten Neger und einem kräftigen Kerl mit Hafenmütze tragen lassen. Der dynamische gutgekleidete Herr war da ganz anders, und was der alles wusste!

«Unser Sicherheits-Rundumprogramm ist das exakt auf Sie zugeschnittene Finanzkonzept! Man weiß ja nie, was kommt, aber Sie wissen, was Sie haben!»

«Ach ja? Was denn?»

«Das ist exakt die richtige Frage! Ich merke, Sie lassen sich nicht so leicht etwas vormachen. Es gibt leider viele schwarze Schafe in unserem Geschäft. Da heißt es kritisch hinschauen. Und das erledigen wir für Sie!»

«Und was muss ich dafür tun?»

«Einfach nur hier unterschreiben. Danke. Wenn jetzt zum Bweispiel Ihre Waschmaschine ausläuft, dann ersetzen wir Ihnen das. Das gesamte Wasser, das ungenutzt weggeflossen ist. Bis auf den letzten Tropfen.»

«Ich habe gar keine Waschmaschine.»

«Gut, dass Sie das rechtzeitig sagen! Die besorgen wir Ihnen. Wir haben da einige ganz besonders günstige Angebote exclusiv an der Hand, Top-Qualität, wie neu!»

«Na, ich weiß nicht, ob ich mir das jetzt leisten kann.»

«Aber dafür haben Sie doch uns. Sie kaufen jetzt und zahlen später, so läuft das heutzutage in der serviceorientierten Wirtschaft. Sie lassen ganz bequem abbuchen, und nach der letzten Rate gehört die Maschine Ihnen und Sie können sie abholen.»

«Und bis dahin?»

«Sind Sie ausreichend gesichert. Falls Ihnen etwas zustoßen sollte, reicht die Lebensversicherung, um alle Ratenzahlungen zu begleichen.»

Anschließend kommt noch ein Versicherungsvertreter, der gegen Knebelverträge und überhöhte Prämien versichert.

GRUND 28: TELEKOMMUNIKATION

Zu den typischen Eigenschaften der DDR-Bürger gehörte, einander unangekündigt zu besuchen. Es gab keine Möglichkeit zum vorherigen Anmelden, abgesehen von Postkarten, aber so lange im Voraus konnte kaum jemand disponieren. Der Mythos von den guten persönlichen Beziehungen der Menschen beruht nicht zuletzt auf fehlenden Telefonleitungen.

Schlagartig wurde das Telefon zum wichtigsten Kommunikationsmittel der wieder einmal angebrochenen modernen Zeit. Das Problem der Ossis war nur: sie hatten keins. Die naheliegendste Lösung war ein Umzug in die Nähe einer Telefonzelle. Meist war die Telekom schneller und hatte die Telefonzelle schon stillgelegt.

Die Telefone sahen gar nicht mehr aus wie Telefone. Tasten statt Wählscheibe – das ging ja noch, aber Tasten mit Zeichen, die es auf der Wählscheibe nie gab, wozu sollen die gut sein, wofür brauchen wir die und wer soll da noch mitkommen?

Damals kamen gerade die Mobiltelefone auf, zu teuer für die Ossis, die erkannten: Die Wessis sind auf eine mysteriöse Weise miteinander verbunden und folgen einer zentralen Macht; irgendwo muss eine Königin sitzen und sie steuern. Die müssen wir finden, dann nimmt sie uns mit auf.

Ganz herb traf es die Zonis mit den Faxgeräten. Briefe, die offen ankommen, kannte man von früher. Aber wie schickt man damit ein Fax weg? Mit der Schrift nach oben oder nach unten, und muss man den Brief dazu aus dem Umschlag herausnehmen? Oder schickt man anschließend den frankierten Umschlag leer mit der Post hinterher? Früher hätte es dafür einen Facharbeiter für Elektrofernvervielfältigungssendetechnik gegeben.

GRUND 29: SEKTEN

Es ist kein gutes Gefühl, wenn man erkennen muss, dass die verordnete Erleuchtung nichts mehr taugt. Innerhalb eines halben Jahres bricht ein Staat mit eingebauter Ewigkeitsgarantie zusammen, scheinbar eine kurze Zeit, wenn man von den vierzig Jahren absieht, in denen die Führung darauf hinarbeitete. Zurückgelassen bleibt ein Volk, das nicht weiß, wohin mit seiner Siegeszuversicht.

Daher waren die Zonis nicht sonderlich wählerisch beim Beitritt zur jeweiligen Sekte. Ob ein Vergleich von Preis und Leistung der Angebote was gebracht hätte, kann dahingestellt bleiben, zumindest wäre im Einzelfall klargeworden, ob die höchste erreichbare Daseinsform noch auf der Erde erreicht wird oder woanders – ein unscheinbarer Unterschied, der am Ende entscheidend ins Gewicht fallen kann. Egal – Hauptsache, die Zonis hatten wieder eine Sache. Der Sache dienen, für die Sache arbeiten, das bedeutet Sinn im Leben und berechtigt zur Existenz.

Außerdem fanden sie wieder eine Bezugsperson vor, die sagt, wo es langgeht, die lobt und straft. Der Meister ist der Erleuchtung schon einige Schritte näher, deswegen führt die Gefolgschaft dorthin. Wo schon so viele Leute mitmachen, muss doch was dran sein. Die Außenstehenden verstehen nichts und irren blind umher, man muss sie doch nur mal ansehen! Die werden sich noch wundern, wenn es so weit ist. Bei der nächsten, großen Wende.

Das neue kapitalistische System unterließ es, Propagandisten in das neuen Land zu entsenden und von den Zonis Zustimmungsbekundungen einzuholen, die dazu gern bereit gewesen wären und nebenher ihr Leben in privaten Nischen unberührt weitergeführt hätten. Nichts dergleichen geschah. Wer möchte es den Zonis verdenken, wenn sie sich von woanders nehmen, was sie brauchen.

GRUND 30: AUTOS

Ostautos waren gerade gut genug, wenn ein Fahrer von A nach B fahren wollte. Das wollte aber kaum jemand, denn erstens war die Straße nach B zu schlecht, und zweitens: was sollte er da?

Die erste Fahrt in den Westen war ein Schlüsselerlebnis. Dort wimmelte es von Westautos, die den Besuchern zuzurufen schienen: Wir sind mehr als ein Transportmittel, wir sind der Weg und wir sind das Ziel! Es wimmelte natürlich auch von Ostautos, aber die zeigten nur die Notwendigkeit, sich schnellstmöglich von ihnen zu distanzieren.

Je früher der Westwagen kommt, umso weniger spielt eine Rolle, was für einer er ist. Der Blick der Nachbarn entwickelt erst allmählich die Fähigkeit zur differenzierten Einschätzung des Status, den Baujahr und Marke symolisieren.

Eine erstaunliche Feststellung wartete darauf, von den Zonis mit fahrbarem Westuntersatz gemacht zu werden: Wenn man Gas gibt, wird er schneller. So ähnlich hatten das die Ostautos auch versucht, aber nun war klar, wie das immer gemeit war. Mit noch mehr Gas wird es noch schneller. Und dann kann man noch einen Gang höher schalten und wieder Gas geben und wieder schneller werden! Das war das Gefühl, um das man vierzig Jahre betrogen worden war!

Und nur zwei Dinge konnten diesem Rausch ein Ende bereiten: Die Raten wurden nicht mehr gezahlt oder die Bäume der Alleen waren noch nicht abgeholzt!

GRUND 31: WERBUNG

Wie man sich vielleicht erinnert, hatten die Autos zur Wendezeit nicht das ovale DDR-Kennzeichen, sondern das gelbe, runde Kennzeichen «Oh, frische Bohnen!» Tchibo hatte das vom gesamten Volk verlangt.

Wenn im Fernsehen vor den Nachrichten jemand sagt, welches Waschmittel am besten wäscht, dann muss das wohl vom Fernsehrat abgenickt worden sein und kann als zuverlässige Quelle gelten. Und die Hersteller wollen schließlich Westgeld für ihr Produkt, also werden die schon halten müssen, was sie versprechen. Die Wäsche wird tatsächlich sauber, das ist der Beweis. Ob porentief rein, kann man nicht beurteilen, aber wird schon stimmen.

Die Verbraucherinformationen kommen bestimmt nicht ohne Grund immer wieder. Wenn etwas faul wäre, hätte es schon jemand bemerkt, dann gäbe es die Sachen gar nicht mehr zu kaufen und die Werbung würde dafür nicht mehr werben. So funktioniert die Demokratie.

Dass die gleiche Werbung immer wieder kommt, war gar nicht von Anfang an klar. Zur Einführung dieses neuen Programms hatten sich die Ost-Zuschauer mit Papier und Bleistift vor den Fernseher gesetzt und eifrig Notizen gemacht. Ärzte schrieben sich neue Medikamente auf, die sie verordnen könnten, auch weil sie wussten, die Patienten würden sie demnächst verlangen. Erst, als die Umworbenen feststellten, sie können die Spots schon auswendig mitsagen, schlussfolgerten sie, es handle sich um ständige Wiederholungen. Die Nachrichten indes kamen zu selten, als dass sie sich nachhaltig einprägten, und büßten ihre Relevanz ein.

Was nicht in der Werbung vorkam, wurde beim Einkauf ignoriert. Das betraf auch die Produkte aus dem Betrieb, in dem der Kunde selbst arbeitete. Denn die meisten Arbeiter wussten gar nicht, was in ihrem Betrieb eigentlich hergestellt wurde, und wenn doch, wären sie nie auf die Idee gekommen zu warten, bis es die Sachen im Laden gibt. So verschwand bald erst das Produkt und dann der Betrieb.

Die werbetreibende Wirtschaft hatte es mit den Ostverbrauchern auch nicht leicht. Die Zielgruppe ist zwar jung und kaufkräftig, aber die Ossis dürfen auch mit zugucken. Doch dann sollen sie auch flexibel sein und sich dem Werbestil anpassen. Stattdessen werden sie vom vorgeführten Lifestyle werbeverdrossen und fühlen sich nicht zuständig dafür, ein Duschgel zu kaufen, weil sie nicht pflegen, von der Klippe zu springen.

GRUND 32: POSTLEITZAHLEN

Anders als erwartet wurden die Postleitzahlen in der Zone nicht einfach halbiert. Während Straßen, Plätze und Städte umbenannt, Autokennzeichen ausgewechselt und Denkmäler versenkt wurden, um die Beitrittsländer bundesfähig zu machen, waren von der Veränderung der Postleitzahlen auch die Westzonen betroffen. Was das dort an Gejammere auslöste, demonstrierte nachdrücklich, welch ein Glück es war, dass die Wende im Osten stattgefunden hat. Eine vergleichbare Veränderung wäre den Westdeutschen auf keinen Fall zumutbar gewesen.

Mit einem immensen Werbeaufwand musste die Post den Briefkastenbesitzern und Briefkopfinhabern die fünfte Stelle der Postleitzahl schmackhaft machen. Nicht ansatzweise geschah Ähnliches bei einer Straßenumbenennung. Hüpfte etwa irgendwo eine als Würstchen verkleidete ABM-Kraft durch die Karl-Marx-Allee, weil sie jetzt wieder Wiener Straße heißen sollte? Kam ein Big Mäc durch die Noch-Thälmann- und designierte Hamburger Straße? Nein, nur vor jedem Postamt torkelte eine große gelbe gutgelaunte Hand mit Sonnenbrille herum.

BEGEGNUNGEN

Die Nachwendezeit lässt sich von der Wendezeit folgendermaßen abgrenzen: In dieser wollte jeder die Wende eingeleitet haben, in jener niemand mehr. «Wir sind ein Volk» galt lediglich bis zur Wiedervereinigung, danach waren die Ossis nur noch ein Fünftelvolk. Somit war jeder Wessi in der Mehrheit.

Vermutlich wäre für die Ossis die Konfrontation mit dem Westen leichter verträglich gewesen, wenn er nicht in Form von Wessis aufgetreten wäre. Sie boten zudem schlechte Identifikationsfiguren für die Neulinge, die in ihnen mehr sehen wollten als nur die Verkörperung ihres Images.

GRUND 33: WEST-CHEF

Nicht alle Wessis, die in die Zone gingen, waren von vornherein zur Beförderung auf einen Chefposten auserwählt. Manche wollten sich lediglich einfach einmal umschauen und legten dabei gegenüber den Eingeborenen ein dominantes Chefgebaren an den Tag, so dass sie von denen gleich für den neuen Vorgesetzten gehalten wurden und blieben.

Andere kamen werktags vorbei, um sich die Buschzulage abzuholen, die es als Ausgleich für den Karriereknick gab, den der Aufstieg in den höheren Beamtentarif bedeutete. Sie alle waren verwundert über die Ossis, die doch früher alles widerspruchslos hingenommen hatten und sich jetzt damit schwertaten, den Vorsprung der westlichen Geburt vorgelebt zu bekommen. Mit leichtem Schritt, fast schwebend, bewegte sich der Gesandte durch die übriggebliebenen Reste der ehemaligen Brigade und zeigte ihnen damit, wer hier der einzige Unbelastete ist.

In der Phase der tiefgreifenden Umwälzungen war es des Westchefs Aufgabe, nicht einfach nur zu verwalten oder zu wirtschaften, sondern die Verwaltung beziehungsweise die Wirtschaft aufzubauen. Eine hohe Herausforderung für die hauptsächlich durch ihre geographische Herkunft qualifizierten Helfer. Das gelingt am besten aus dem Nichts, weswegen mit dessen Schaffung die Stunde Null erst einmal erreicht werden musste. Blieb es danach einige Zeit beim Nichts, lag das offenkundig an den unflexiblen Ossis.

Das zwischenmenschliche Problem war nicht allein der neue Horizont, den der Westchef mitbrachte und gegen den die Ossis ihren alten einzutauschen hatten. Schwerer wogen die verschiedenen Verhaltensgewohnheiten. Der Ostchef hatte gelegentlich 'rumgeschrien, ging aber hinterher mit dem Kollektiv Bier trinken. (Eine wichtige Reihenfolge, die ihn, besonders im Rückblick, als einen von uns erscheinen ließ, als einen, der noch ein richtiger Mensch war. Eine düsterere Wahrnehmung wäre haften geblieben von einem, der erst Bier trinken geht und hinterher schreit.) Der Westchef schreit nicht und trinkt heimlich.

Die Ostdeutschen bekamen den Eindruck, im Westen leben ausschließlich Chefs. Jeder habe von Geburt an den Erfolg vorprogrammiert und steuere geradewegs in die Vorstandsetagen. Die Wessis übrigens denken das auch.

GRUND 34: PAARUNGEN

Nach einem anfänglichen Anstieg der interzonalen Paarungen sank ihre Zahl bald wieder drastisch ab. Gibt es kein Interesse, gibt es Mauern im Bauch?

Die erste Hürde ist bereits die Verabredung. Durch eine Schwäche beim Bruchrechnen hat der Wessi Schwierigkeiten, die Uhr zu lesen. Eine Verabredung um dreiviertel sieben kann der Wessi nicht verstehen und wundert sich nur: Wieso, drei Viertel von Sieben geht doch gar nicht? So wartet bei einer

Verabredung um viertel acht der Ossi vergeblich um sieben Uhr fünfzehn, der Wessi dagegen um zwei.

Augenfällig treffen vorwiegend Ost-Frau und West-Mann aufeinander, selten Ost-Mann und West-Frau. Denn Westfrauen, die es auf das vom Mann versorgte Hausfrauendasein abgesehen haben, halten sich kaum an Männer mit 60-prozentigem Einkommen. Auf die Ostfrau, die einen reichen Mann sucht, wirkt zuerst vor allem das Essengehen. Während es früher in der DDR die Besuchsbundis verblüffte, wie es sich die Ossis leisten konnten, in den Restaurants diese lange Zeit auf das Plaziertwerden zu warten, ist heute die Ostfrau beeindruckt angesichts der Geldausgabe, die er sich ihretwegen leisten kann, und wünscht, es möge immer so weitergehen. Dabei übersieht sie den Investitionscharakter. Wird alsbald in der Beziehung von ihr erwartet, selbst zu kochen, und zwar sparsam und gut, kommt sie sich vor wie in die Falle gegangen und fragt sich: Kann das schon alles gewesen sein? Es war alles.

Waren die Ostfrauen der Geheimtip der Westaufreißer wegen ihrer Unbefangenheit und Natürlichkeit, folgte der Katzenjammer, wenn sie nämlich Ansprüche und Forderungen stellten, wie es von Westfrauen nicht bekannt war. Das hat sich in dieser Form noch nicht herumgesprochen; es heißt vielmehr, sie könne nicht mit Westgeld umgehen, würde kein Verständnis aufbringen oder während des Geschlechtsaktes aufstehen und zum Friseur gehen.

Will sie in einem Streit kompromissbereit sein, legt er es als Verhandlungsschwäche aus und benutzt dies zur Stärkung seiner Position. Dagegen fühlt er sich über den Tisch gezogen und ausgetrickst, wenn sie hinterher einräumt, sie habe etwas nicht so gemeint. Bringt er vor, sie solle doch schön still sein, schließlich habe sie vierzig Jahre alles falsch gemacht, dann reagiert eine Dreißigjährige natürlich heftig.

GRUND 35: VERWANDTE

Die Kinder in der DDR bewerteten einander nicht wie heute nach Top-Mode und Markenkleidung. Es reichte, wenn die Sachen überhaupt von drüben kamen. Westverwandtschaft zu haben allein bedeutete schon soziale Höherbewertung. Wer sich etwas schicken lassen konnte, stieg im Ansehen, jedenfalls solange ab und zu irgend etwas geschickt wurde.

Viele Ehepaare beachteten bei ihrer Familienplanung die zeitliche Anbindung an die Westverwandtschaft. Der günstigste Termin für eine Geburt lag anderthalb bis zwei Jahre nach einem Nachwuchs bei den Verwandten. Dann würden sie bei der Frage: «Wohin mit den abgetragenen Sachen?» auf die Idee eines Paketes in den Osten verfallen, und womöglich legten sie auch Kaffee, Schokolade und Schnürsenkel bei. Das hat auf Bitten meist geklappt, komplizierter war es bei Sonderwünschen. Je nach Grad der Blutsbindung hieß es dann für die Kinder Briefe schreiben, Bilder malen oder Gegengeschenke basteln, um die Beziehungen zu vertiefen. Das garantierte noch nicht das gewünschte Geschenk, aber zumindest ein ähnliches oder eine begründete Absage.

Nach dem Zusammenwachsen machten die Beschenkten eine seltsame Entdeckung. Offenbar hatten die Schenker erwartet, ihre Gaben würden aufbewahrt, damit sie ihnen eines fernen Tages zurückgegeben werden können, oder wenn das nicht geht, dann würde wenigstens mitgerechnet, wieviel das alles gekostet hat, und das Geld aus Dankbarkeit zurückgezahlt, mit Zinsen. Wobei sie diesen fernen Tag als nun gekommen ansahen. «Ja, wenn wir gewusst hätten, dass ihr auch bald Westgeld habt und alles kaufen könnt, dann hätten wir euch das nicht vorstrecken müssen, und jetzt wollt ihr alles behalten!» Diesen Satz sagte zwar niemand von ihnen, doch waren sie merklich enttäuscht über die undankbaren Ostverwandten, die darauf nicht von selbst kamen.

GRUND 36: WEST-LINKE

Für eine Gruppe von politisch bewussten Menschen bedeutete
der Untergang der DDR eine persönliche Niederlage und den
Verlust all dessen, wofür sie ihr Leben lang einstanden, eintra-
ten und sogar waren. Nämlich die Linken in Westdeutschland.
Sie, die sie als Reaktion auf ihre Utopien immer den Satz gehört
hatten: «Geh doch nach drüben!», mussten das Drüben als das
gelobte Land ansehen. Von außerhalb ließ es sich auch besonders leicht loben. Wenn die Ostler diesbezüglich nicht vollständig mitzogen, konnte man ihnen das verzeihen, denn sie hatten
halt nicht den Überblick. Wirklich nach drüben gegangen ist
natürlich niemand, denn damit hätte man schließlich die Alter-
native verloren. Unverzeihlich ist daher das Verhalten der Ossis,
das zur Auflösung dieses anderen deutschen Staates führte, der
gerade wegen seiner Andersheit Sympathie und Toleranz der
West-Linken auf seiner Seite hatte und es nicht zu würdigen
wusste.

Es stellt sich dem Ossi die Frage, was sich für den West-
Linken überhaupt geändert haben soll und wieso es ihm nicht
egal ist, wenn ein Land, das ohnehin anders war, als er es sich
vorgestellt und erhofft hat, damit aufhört, so zu tun, als wäre es
mit irgend etwas Wünschenswertem wesensgleich. Er büßt
seine Identität ein. Die deutsche Teilung war für ihn die gerech-
te Strafe, die eine mitdenkende Geschichte für alle Schurken-
staaten bereithält, jedenfalls wenn sie deutsche Dimensionen
annehmen, was bisher nur Deutschland gelang und was die
anderen ja doch nie bringen. In Sachen Verbrechen sind immer
noch wir die Größten, das lassen wir uns nicht kaputtrelativie-
ren. Besonders, wenn wieder von Berlin aus regiert wird, das
muss den anderen Völkern doch Angst einjagen. Wenn die
sehen, wir sind wieder wer. Wir könnten, wenn wir nur wollen,
und bloß wir Linken sind die einzigen, die nicht wollen, obwohl
wir könnten. Die Geschichte lehrt uns, die Deutschen stehen an

der Spitze, und wir Linken sind noch einen Schritt weiter. Das ist die linke Art, unter Ausch- und Gleiwitz einen Schlussstrich zu ziehen.

Zum Verzweifeln sind jedoch diese Ossis, die in der DDR nur sahen, was sie war, und nicht, was sie bedeutete. Ein Staat um eine Idee herum konstruiert, das ist doch schon mal ein guter Anfang. Idee und Umsetzung mögen nicht perfekt sein, aber wer kann das schon von sich behaupten. Da darf man nicht ungeduldig werden, nur weil es wieder gerade was nicht gibt! Im Westen gibt es dafür keine Staatsidee, oder nur die Schweineidee vom Schweinesystem mit dem Schweinestaat. Für den Schweinekapitalismus. Und dann kommen diese Ossis und wollen allen Ernstes diese Schweineordnung übernehmen – schlimmer noch: von ihr übernommen werden. Schrecken nicht davor zurück, diesem Schweinekohl zuzujubeln, nur wegen ein paar Schweinebananen. Wenn das keine Schweine-ossis sind! Wir wissen doch aus eigener Erfahrung, dass die D-Mark nicht glücklich macht. Eindeutig wurde die sozialistische Idee nicht nur von den falschen Leuten ausprobiert, sondern vor allem *an* den falschen!

GRUND 37: BESCHEIDWISSER

Eines der vielen Missverständnisse zwischen Ost und West besteht darin, dass ein Wessi den Satz eines Ossis: «Ich komme aus Thüringen», interpretiert als: «Ich möchte gerne Ihre Ansicht zur Deutschen Frage und der Wiedervereinigung wissen, und verschonen Sie mich nicht mit Kritik!»

Das ist zweifellos schmeichelhaft für den Wessi, weil er sich in seiner Eigenschaft als Experte erkannt fühlt. «Thüringen?», erinnert er sich, «das liegt doch in Sachsen, oder ist das schon Brandenburg-Vorpommern?» Eine derartige Frage ist rein rhetorisch, sie zeigt nur, wie egal die Einzelheiten sind. «Ja mir henn alles selber gschaffe, euch zahle se doch eine Umschulung nach der andern! Ihr wollt jetzt gleich so eine Reise mache, des henn wir uns nachm Krieg auu net gleich leischte könne!» Für die Ossis ist jetzt nämlich erst einmal Nachkriegszeit; denn zwischenzeitlich haben sie geschwänzt. «Un mit der Rente isch genauso, s reicht äwä net. Und die krieget ja zum Teil mehr Rente wie wir, weil da henn d'Fraue garbeit, oder besser gsagt henn en Arbeitsplatz ghett. Und wie's dann drum ging, was zu leischte fürs harte Geld, da hat man's ja gsähä, was los gwäse isch!»

Ossis neigen zu einer Reaktion, die zeigt, wie wenig sie sich im neuen Rechtsstaat zurechtfinden. Sie versuchen zu argumentieren und zu überzeugen, statt sich darüber zu freuen, dass sie sich in einem Land befinden, das das Grundrecht auf freie Meinungsäußerung schützt.

Das kann zugegebenermaßen stark strapaziert werden von hauptberuflichen Bescheidwissern. Manche sagen das, was sie zu sagen haben, überall und ständig, damit sie später einmal sagen können, sie haben es immer schon gesagt. Das ist entscheidend im gewerblichen Bescheidwissen; wer etwas, das eingetreten ist oder dessen Eintreten von immer mehr relevanten Leuten für wahrscheinlich gehalten wird, immer schon gesagt hat, legitimiert sich dazu, wieder etwas zu sagen. Das ist der Grund, warum sich die Bescheidwisser gern mit dem komplizierten Problem namens Zonis befassen. Die Zonis sind allenfalls anderer Meinung, kennen Gegenbeispiele oder fühlen sich beleidigt. Aber sie werden nicht mit Gegenbescheidwissen kontern. Ein Zoni, der bescheid weiß – welch ein Widerspruch in sich.

GRUND 38: POLITISCHE KORREKTHEIT

Bestimmt ist Ihnen, liebe Leser, aufgefallen, dass in diesem Buch keine Trennung in grammatische Geschlechter stattfindet. Das ginge unter die Gürtellinie. Autor und Verleger wissen, dass Sie, liebe Leser, von Natur aus männlichen oder weiblichen Geschlechtes sind. Wir wissen nicht, wofür Sie sich entschieden haben, und das spielt für Ihre Eigenschaft als Leser keine Rolle. Wenn wir die männliche grammatische Form auf alle anwenden, dann fühlt sich eine Geschlechtergruppe unter Ihnen zu Recht benachteiligt. Nämlich die Männer. Denn wenn Leser auch die Frauen sein sollen, führt das zu einer völligen Entmännlichung, ja Entmannung der Sprache. Nur mit der ausdrücklichen Nennung der Leserinnen sagt das Wort Leser wieder etwas über den Testosterongehalt und die Gonaden aus.

Die Politische Korrektheit wurde aus den USA übernommen, zunächst nur als Behauptung, sie bestünde. Das ermöglichte den Querdenkern, sich als politisch unkorrekt zu bezeichnen. Es waren nicht zuerst die Ossis, die aus Bevormundungssucht begierig nach einer postmodernen festen Größe griffen, mit der sich die eigene Angepasstheit zur Schau stellen lässt. Es waren die öffentlich-rechtlichen Aufsteigewessis, vornehmlich Männer, die zeigten, wie tauglich für die Zeit von morgen sie sind, und die während ihrer gesamten Karriere niemals vergessen, die Frauen zu erwähnen. Am besten zeigen ließ sich das gegenüber den nachholebedürftigen Ossis.

Die erste Studentenversammlung der Ostberliner Universitäten, zu der auch Studentenvertreter aus dem Westteil eingeladen waren, sollte die Forderungen nach Rechten der Studenten behandeln. «Das heißt Studentinnen und Studenten», wurden die Reformer gemaßregelt. Was nützen schließlich studentische Rechte, in die nur stillschweigend die Studentinnen einbezogen sind. Man diskutierte und verständigte sich also über die anzuwendende Sprachregelung und konnte den Abend allseits mit gutem Gewissen beenden – die Ossis, weil sie etwas gelernt, und die Wessis, die es sie gelehrt haben.

Die Durchsetzung der allgemeinen Nennung der weiblichen Formen nützt nicht nur den Männern, sie behindert auch die

Frauen, denn sie sind darauf konditioniert, sich um ihre grammatische Erwähnung zu kümmern, und vergeuden damit wichtige Energien, die die Männer gar nicht hätten.

GRUND 39: FEMINISMUS

Noch immer gibt es eine Gruppe von Menschen, die behaupten, wegen der Schöpfungsgeschichte mit der Erschaffung der Frau aus der Rippe des Mannes gebiete die Religion eine Minderbewertung der Frau. Diese Gruppe sind die Feministinnen.

In der DDR waren Männer und Frauen wenn schon nicht gleichberechtigt, so doch wenigstens gleich unberechtigt. Dadurch gab es weder die Benachteiligung der Frau noch den Feminismus. Jetzt gibt es beides. Trotz rechtlicher Gleichstellung sind Frauen in vielen Bereichen real schlechter gestellt, was behoben werden muss. Aber weil das zu schwer ist, kämpfen die Feministinnen lieber für weibliche Formulierungen, Frauen-Straßennamen und quotierte Statistiken. Den Frauen selbst erklären sie ihre Lage damit, dass sie männerdominierte Opfer seien, und das müssen sie auch bleiben, um dem Feminismus zu dienen. Hieran stoßen sich die Ost-Frauen. Wenn Opfer, dann schon als Ossi. Ein weiteres Opfergefühl ist schwer vermittelbar; niemand kann zwei Herren dienen. Oder Herrinnen.

Die West-Feministinnen waren entsetzt von den Ost-Frauen, die sich weigerten, sich als Opfer dieser Männer zu sehen, mit denen sie auf gleicher Stufe standen unter der DDR-Gerontokratie. Die sich im Leben bewegten, ohne die patriarchalischen Strukturen auszumachen. Die statt «Schwanz ab» lieber «rein» rufen würden. Und die überhaupt kein Interesse an der Weiterentwicklung der Sprache zu haben schienen, wo doch die Sprache das Machtinstrument über das Denken ist. «Wieso auch die Frauen? Warum Weicheier und Weicheierinnen? Wo ist der Unterschied?», mochte die Ossin sich gewundert haben, «wir haben doch auch nicht gerufen: Wir sind das Volk und die Frauen!» Wozu die Aufteilung der Bürgerrechtler in Bürgerinnen- und Bürgerrechtlerinnen und -rechtler? Die Sprache habe sich nun eben weiterentwickelt, wäre die Entgegnung der Wessin, und die Sprechenden und Sprecherinnen haben das zu akzeptieren. «Einigen wir uns», könnte die Ost-Frau eingewandt haben, «dass sich bei euch die Sprache weiterentwickelt hat und bei uns das Denken?» Aber das geht selbstverständlich nicht. Die Geschichte wird von Siegerinnen geschrieben, das heißt: schreiben wir die Geschichte und wir siegen. Schreiben lernen heißt siegen lernen. Emanzipation auf der Mitteilungsebene.

Die gemäßigteren Feministinnen gehen einen bequemeren Weg. Auch wenn sie in der Lage wären, Männer zu verprügeln mit der Begründung: «Jahrhundertelang habt ihr uns geschlagen», begnügen sie sich abgesehen vom Sprachgebrauch damit, immer wieder auf Machos zu verfallen, selbstverständlich zum Zwecke der Umerziehung. Wenn das nicht gelingt, und das ist der Fall, dann beweist das nur wieder den Status als Opfer.

Es ist fraglich, ob sich der Feminismus von dem herben Schlag der Wiedervereinigung und der damit verbundenen Last der Ostfrauen jemals erholen wird. Die Machos sollten in ihrem eigenen Interesse alles dafür tun.

Auf eine Idee sollten die Feministinnen noch kommen. Warum benennen sie nicht den weiblichen Orgasmus um in Orgasma? Womöglich kommt sie dann schneller.

GRUND 40: POLITIKER

Die Aufbauhilfe war für viele Polit-Profis Anreiz und Herausforderung zum Engagement im Osten. Nur leider wurden sie überholt und ausgebootet von den Karrieremachern.

Die Parteien wollten sich ihres zweitklassigen Menschenmaterials elegant entledigen durch eine Abschiebung in die Verbannung, doch ihnen kamen die Drittklassigen zuvor. Ihnen war es ziemlich egal, wo sie Geld verdienten, Hauptsache, es war mehr. Die Ossis hatten immer noch die Gewohnheit: Wir nehmen alles, was aus dem Westen kommt. Wer im Wahlkampf zeigte, wie die Deklination von Marktwirtschaft lautet, dem war die absolute Mehrheit sicher. Wer einmal dran war, der wurde traditionell nicht mehr abgewählt, denn man wusste nicht, ob die Nein-Stimme negative Folgen nach sich ziehen mochte.

Desweiteren entschied über die Stimmabgabe das mutmaßliche Parteivermögen. «Das ist doch die reichste Partei, wir müssen doch die wählen, die das Geld haben.» Darin lag ein doppelter Irrtum. Zum einen zeigt sich eine Verkennung des Charakters einer Wahl, auf die schwer die Prinzipien einer Heirat anwendbar sind. Zum anderen hätte man als reichste Partei die wählen müssen, die sich kurz zuvor durch Umbenennung einen ärmlichen Namen gegeben hatte.

BEFINDLICHKEITEN

Nach ihrem Verblühen bleibt von der Rose nur der Name. Von der Zone die Befindlichkeiten. Befindlichkeiten sind das, was man hat, weil man sonst zufrieden sein müsste, ohne dass man zu sagen brauchte, anderen gehe es noch besser. Befindlichkeiten legitimieren zu unlogischen Reaktionen, als deren einzige Erklärung zu geben ist: «Das könnt ihr nicht verstehen!»

Funktional treten die Befindlichkeiten an die Stelle der inneren Angelegenheiten, in die keine Einmischung von außen geduldet werden darf. Das mit dem Außen und Innen ist jetzt nicht mehr strikt abzugrenzen, daher der neue Begriff. Entstehungsgeschichtlich sind sie indes nicht in der DDR verwurzelt, sie sind ein Produkt der Nachwendezeit, als die Ost-Kader geschäftstüchtig wurden und in ihrer Marketing-Strategie als verbindendes Element die Abgrenzung gegenüber den Westmächten brauchten, so als würde man die Feuerwehr dafür schelten, mit ihrem Sprungtuch den schönen Flug gestoppt zu haben.

GRUND 41: WIR-GEFÜHL

Das Wir war in der DDR die Einheit von Staat, Volk und Arbeiterklasse. Der Staat ging unter, das Volk vereinigte sich, und Arbeit gibt es auch keine. Geblieben sind individuelle Personen. Doch das ist den individuellen Personen zu wenig. Sie wissen noch von früher: Der Mensch ist nur das wert, was die Gesellschaft von ihm verlangt. Wenn alle überflüssig sind, lässt sich daraus ein Gemeinschaftsgefühl stiften.

Leider hören die aktuellen Gemeinsamkeiten damit schon auf. Deswegen wird die Gegenwart diskret ausgeblendet und lieber, als einziges verbindendes Element, auf die vergangenen Zeiten geschaut, als es noch das Wir gab, von dem nunmehr nur noch wir übrig sind. Wir sind schlecht dran, das ist der Konsens. Das ermöglicht den einzelnen, denen es gut geht, mitzujammern. Sonst müssten sie sich in die Pflicht des Stärkeren nehmen lassen. Doch das tun die anderen schließlich auch nicht, und zwar aus Egoismus. So etwas ist uns fremd, das ist nicht unsere Mentalität.

Erstaunlicherweise schätzen Ostdeutsche in Umfragen die eigene Situation als eher gut, dagegen die der Allgemeinheit als eher schlecht ein. Entweder nehmen nur die Wohlsituierten an statistischen Erhebungen teil, oder man will den anderen nicht in den Rücken fallen, die womöglich ihre Fördermittel verlieren, wenn die Stimmung zu gut wird. Die Wir-Ossis sind nämlich benachteiligt.

Noch erstaunlicher ist es, wie es den vormaligen Bereichsleitern gelang, sich mit den Untergebenen zu den Wir-Ossis zusammenzuschließen. Die enge Verbundenheit zu den Massen war noch nie so unverbrüchlich. Am Niedergang ist natürlich der Feind schuld. Wir waren die herrschende Klasse, aber die haben aus uns belastete Ossis gemacht!

GRUND 42: ES WAR NICHT ALLES SCHLECHT

Das Schlechteste, was sich rückblickend über eine Zeit oder eine sonstige Angelegenheit formulieren lässt, ist der Satz: Es war nicht alles schlecht. Wenn alles schlecht gewesen wäre, wie hätte es dann überhaupt bestehen können?

Das meinen diejenigen, die das über die DDR behaupten, aber anders. Manchmal geschieht es aus Trotzreaktion auf Wessis, die sinngemäß sagen: «Wie könnt ihr das beurteilen, ich verbitte mir jede Kritik! Denkt mal dran, wie es bei euch war!» Darauf fällt jeder Ossi herein. Bei uns war nicht alles schlecht, deswegen darf ich mir ein Urteil erlauben, und bei euch ist auch nicht alles besser.

Häufiger geht es um Verleugnung der eigenen Unzulänglichkeiten. Wer keine Anhaltspunkte aufbieten kann, die es zulassen, immer schon dagegen gewesen zu sein, findet hierin die Rechtfertigung: Es gab ja Gutes, und das war es, worum es mir ging. Was das Gute im einzelnen gewesen sein soll, braucht auf diese Weise nicht mühsam aufgeschlüsselt zu werden.

Hauptsächlich meinen die Benutzer damit: Wir waren nicht alle schlecht. Denn es – das waren wir. Die DDR hat uns alles gegeben, aus uns bestand sie, und ihretwegen bestanden wir. Sie war nicht nur Urgrund unseres Seins, sondern auch unsere Zukunft. Der Verlust von beidem kann ganz schön an die Nieren gehen. Rückwirkend muss die eigene Existenz gerechtfertigt werden. «Ich bin nicht völlig schlecht», wäre aber nicht nur zu schwach, sondern auch eine zu weite Entfernung von den sozialistischen Idealen und eine Verleugnung der gemeinschaftlich begangenen Vergangenheit. Der Bezug zur ehemaligen Sache bietet Trost und Halt in diesen Zeiten, in denen noch unklar ist, ob nicht alles schlecht wird.

GRUND 43: EHEMALIGE MENSCHLICHKEIT

Früher war alles so gemütlich, früher ging es viel menschlicher zu. Heute geht alles nur um's Geld, niemand kümmert sich mehr um den anderen. Daran erinnern sich sogar zehnjährige Schüler, die das von ihren Lehrern erfahren, damit auch sie zu allseitig entwickelten Ossis werden.

Die Notgemeinschaft erforderte eine gegenseitige Unterstützung in einem verlässlichen Zusammenhalt der Menschen. Das ist erfreulich für alle, denen diese Werte etwas bedeuten und die aus ihrer Praktizierung Rückschlüsse auf das Wesen der Menschen ziehen. Was aber ist von den Werten zu halten, die unmittelbar nachdem sie nicht mehr überlebenswichtig sind, verloren gehen? Mitmenschlichkeit und gegenseitige Hilfe sind auch heute nicht verboten. Viele, die den Verlust beklagen, wissen das nicht. Oder sie beugen sich dem Druck des Systems, in dem es nur um Geld gehen darf, und wägen vorsichtig ab, ob sich eine Hilfeleistung auszahlt. Lohnt sie sich nicht, dann ist es schade, aber lässt sich nicht ändern, so ist das heute nun einmal.

Das System hatte allen Grund, sich als humanistisch zu bezeichnen. Leichter lassen sich Systemgegner nicht zu Unmenschen erklären.

GRUND 44: OST-KULT

Die Rocky Horror Picture Show der Zone heißt *Paul und Paula*. Wie es mit Kultfilmen immer ist: wenn er nicht Kult wäre, würde man ihn nicht aushalten. Das ungleichnamige Theaterstück ist um vieles stärker, schärfer und frei von dieser Musik, doch leider nur in gedruckter Form konserviert.

Die alte DDR-Musik zu hören, ist kein Anzeichen von Nostalgie. Wer Elvis hört, ist auch unverdächtig, sich in die Adenauer-Ära zurück zu sehnen. Es ist ein Anzeichen von schlechtem Geschmack. Kaum eine Band, die auf den Ost-Kult setzt, hat darüber hinaus noch etwas zu bieten. Die Fans wollen den Ost-Kult, nicht die Musik. Strukturell müsste die Kelly-Family aus Magdeburg kommen.

Genaugenommen ist Ost-Kult ein Widerspruch in sich. Man feiert, dass man es zusammen ausgehalten hat. Das mit dem Kult ist ein Etikett für die Bosse da oben, die das zur Vermarktung wollen. Und die Ossis denken, da müssen wir hin. Analog funktionieren geschriebene Werke über den Osten, das heißt, sie funktionieren nicht. Das Lesen als private Angelegenheit erschwert das allgemeine Jubeln. «Helden wie wir» war ein Bestseller, aber hat es jemand durchgelesen? Von allen Lesern ist nur zu vernehmen, sie haben das erste Viertel über gelacht und bis zur Hälfte durchgehalten.

Das haben die Ossis nun davon: Auf alle Zeiten zum Ost-Kult verdammt.

GRUND 45: RENTEN

Die Rente ist der gesamtdeutsche Lebenszweck. Alles, was jemand tut und vor allem ob überhaupt, ist mit der Frage behaftet, was dann einmal mit der Rente wäre. Für die Rente nimmt der Deutsche langjährige Arbeit in Kauf. Die Steigerungsform ist die Pension, für die sogar eine Beamtenlaufbahn akzeptabel erscheint. Die Zufriedenheit in der Ostbevölkerung ist daher an den Prozentsatz des Rentenniveaus gekoppelt (natürlich noch einmal abzüglich eines Malus' für entgangene Ehrungen). Die herabgesetzten Bezüge geben den Empfängern einerseits das Gefühl, sie hätten schon das ganze Leben lang zum alten Eisen gehört, und andererseits weniger Geld. Was die Laune stärker drückt, kann nur geschätzt werden. Im Zweifel ist es immer die ungerechte Behandlung.

Die Rente in Westgeld zu kriegen, ist nicht schlecht und wäre noch besser, wenn sie in Ostgeld umtauschbar wäre. Das geht bekanntlich nicht mehr, und somit fühlen sich viele Ost-Rentner hintergangen und in ihrer Lebensleistung verachtet. Manche von ihnen sollten lieber froh sein, dass die Art, mit der sie ihre Rente verdienten, unbeleuchtet bleibt und sie von der pauschalen Gleichbewertung der Zonis profitieren. Es reicht schon, wenn ihretwegen die anderen übergeleiteten Rentner von Fünftausend-Mark-Ruheständlern zu hören kriegen: «Wenn ihr wirklich so viel gearbeitet hättet, wie ihr jetzt Rente kriegt, dann müsstet ihr sie nämlich nicht von uns holen!» Das Problem der Rentenkassen sind nicht die Ossis, sondern diejenigen, die ihnen vorjammern: «Nur Inflationsausgleich an Rentenerhöhung fällt doch bei euch viel weniger ins Gewicht als bei uns!»

Heute finanzieren drei Arbeitnehmer einen Ruheständler, in dreißig Jahren ist es nur noch einer. In fünfzig Jahren müssen zwei Rentner drei andere Rentner finanzieren sowie eine ABM-Stelle. Ohne die Vererbung der Staatsbelastung auf die nächsten Ost-Generationen würde das Rentensystem völlig zusammenbrechen.

GRUND 46: MDR

Der Mitteldeutsche Rundfunk ist die Fortsetzung des DDR-Fernsehens mit anderen Mitteln. Das erfolgreichste Dritte Programm der ARD pflegt das Ostgefühl, das Wir-Empfinden und die Zonenmentalität, wie es nur Profis aus Westdeutschland fertigbringen. Dabei geht der Sender völlig basisdemokratisch vor; jeder Zuschauer darf irgendwann einmal vor die Kamera und was sagen: wie die ganze Sache gewesen ist, was er als Nachbar darüber denkt oder wie man Derartiges künftig verhindern soll. Am liebsten sagt er: «Ich bin aufgeschlossen, humorvoll, sportlich, und jede Zuschrift wird garantiert beantwortet. Also trauen Sie sich einfach! Bis dann. Ich freue mich schon auf Sie.»

Als allgemeine Rechtfertigung für alles gelten zwei Parameter: Arbeitsplätze und Erfolg. Im Falle des MDR ist es wie so oft das letzte. Erklärbar wird der Erfolg nur durch die eingesetzte Technik. Die meisten Zuschauer im Geltungsbereich der Drei-Länder-Anstalt haben noch ihren alten Fernseher von früher, wo auf dem DFF-Kanal jetzt der MDR zu empfangen ist, und auf dem anderen Knopf ist das Erste West.

Das Programm kümmert sich intensiv um die Zielgruppe, die sonst niemand will. Dabei gerät es niemals annähernd in

Gefahr, die Zuschauer zu überfordern. Im Gegenzuge dürfen alle, die gerade nicht im Bild sind, anrufen. In Ratgebersendungen beantworten Experten die Fragen von Anrufern nach Gesundheit, Reise, Recht und Senkung der Telefonkosten. Als Freund und Helfer der Polizei rufen alle an, die etwas über die in der Polizeisendung präsentierten Verbrechen wissen könnten, während die anderen angesichts der grauenvollen Welt lieber zu Hause sitzen und MDR schauen. Nachmittags stellen sich Prominente, also Leute, die schon einmal im Fernsehen waren, den Fragen der Anrufer, die von ihnen am häufigsten wissen wollen: Wer sind Sie eigentlich?

Das Funktionsprinzip lautet: Fragt den MDR, bevor der MDR zu euch kommt! Moderierende Überraschungseier ziehen durch die drei Länder und verschaffen sich mit Kamera und Mikrophon Zutritt zu den Wohnzimmern hinter den Türen mit geriffeltem Glas. Im Fünf-Minuten-Big-Brother zeigen die Leute, was sie Besonderes können oder was sie in Eigenleistung gebastelt haben. Aus dem Fernsehen wissen die Leute, wie sie sich richtig zu verhalten haben. Immer öffnet die Frau mit gedunkelten Locken und großer Brille, lacht und vergisst in der Aufregung ihr Erscheinungsbild mit Kittelschürze. Unkundige Beobachter mögen sich wundern, wieso jedes Mal und überall wieder diese Frau aufmacht. Weil es sich immer um eine andere Frau handelt, die lediglich mit ihrer Vorgängerin wesensgleich ist. Daher ist es ihr auch ziemlich egal, ob jetzt das Alles-Gute-Schwein kommt oder *Außenseiter-Spitzenreiter,* was ohnehin erst auf den zweiten Blick erkennbar ist. MDR-Seher sind immer zu Hause.

Wenn keine Fragen beantwortet und keine Hausbesuche unternommen werden, dann hat es der mündige Zuschauer mit einer Wiederholung zu tun. Ein *Kessel Buntes* bot internationale Stars aus internationalen Ländern wie der Tschechoslowakei, Bulgarien und dem Westen, wodurch sie zufällig später im Wunschbriefkasten gewünscht werden konnten. Dessen

Sendebänder müssen verschollen sein, anders ist es nicht zu erklären, dass seine Wiederholung bislang ausbleibt. Sämtliche Fernsehserien, eigentlich ohne kommerziellen Druck gedreht, erreichen achtbare Marktanteile. Demnächst wiederholt der MDR die Reihe «Begräbnisse sowjetischer Staats- und Parteichefs».

GRUND 47: SUPER-ILLU

Den MDR zum Blättern gibt es auch, nämlich unter dem Namen *Super Illu*. Diese Publikation ist die einzige für und in der Zone gegründete Illustrierte eines westdeutschen Verlags. In der Zeile unter dem Titel firmiert sie als «Eine für uns», was korrekt eigentlich «Eine für euch» heißen müsste.

Illu bedeutet Illustrierte, und Super bedeutet nicht normal, sondern dermaßen besonders. Das Schwesterblatt war die tägliche «Super!Zeitung», die für dreißig bis vierzig Pfennig den Nachholbedarf an großen Überschriften stillte und die Unterrichtung der Ossis in Farben unternahm. Obwohl dieser dichtesten BILD-Nachahmung die Pflege der Ost-Befindlichkeiten oblag, verlangten die meisten Käufer am Kiosk «Super und BILD!», um sich allseitig zu informieren. Nach siebzehn Monaten wurde sie eingestellt, während Super Illu floriert. Denn die Macher vollzogen einen Lernprozess. Aus Gewohnheit hatten sie zuanfangs entblößte Brüste auf den Titelseiten präsentiert, was den vermindert zahlungskräftigen Kunden zu wenig Abwechslung war. Sie hoben sich das alte Heft solange auf, bis etwas Neues geboten wurde. So machten die Redakteure eine neue Erfahrung: man kann auch Gesichter auf die Titelseiten bringen! Obwohl für sie die Ost-Gesichter ähnlicher aussahen als die Busen, folgten sie dem Verlangen der Kundschaft. Diese akzeptierte auch die neue Leseerfahrung: Die Brüste kommen erst später hinten im Heft, und zwar unsere eigenen, die wir eingereicht haben in Form von Lichtbildern. Bis dahin sind geographisch auf den Osten lokalisierbare Themen dran mit Berichten wie vom MDR abgeschrieben oder über Leute, die in dieser Gegend geboren wurden und es trotzdem geschafft haben. Auch das war in der Angfangsphase anders; da gab es mehr Stasi-Enthüllungen, aber das kam bei den Leuten nicht so gut an. Lieber wollen sie etwas über unsere Alt-Stars lesen. Was sie jetzt machen, warum sie immer noch Erfolg haben oder was sie dafür halten, und warum sie genauso gealtert sind wie wir. Nirgendwo sonst liest man was über unsere Stars. Weil sie nirgendwo sonst Stars sind.

Die Ossis könnten statt des lediglichen Konsumierens dieser Publikation eine marktwirtschaftliche Lehre aus ihr ziehen. Selbstverständlich können Ost-Belange genauso wie andere, normale Interessen behandelt und vertreten werden, wenn es sich nur rentiert.

GRUND 48: OST-STOLZ

Hin und wieder bekennen Menschen: Ich bin stolz, ein Ossi zu sein. Das ist relativ unproblematisch, jedenfalls was die Wirkung im Umfeld betrifft. Deutschland wird bei nahen und ferneren Nachbarn mit Übel und Schande assoziiert, dagegen war die DDR mit sich selbst beschäftigt. Der Stolz, Ostdeutscher zu sein, ist daher kein Spezialfall des Stolzes, Deutscher zu sein, sondern steht in Abgrenzung dazu und ist mithin akzeptabel. Auch wenn es aus dem Nationalismus der DDR herrührt. Denn das war der Nationalstolz der Anti-Faschisten, die mit der Stunde Null von der historischen Last befreit waren und sich nicht mit der Schwierigkeit der Rechtsextremisten herumschlagen mussten, zwecks nationaler Gesinnung die Geschichte zu leugnen. Die Prämisse aller Chauvinisten, das beste aller Länder zu bewohnen, war umgeformt zu der Vorstellung von der Zone als dem besseren der Deutschländer.

Wie die anderen Stolze auch ist der Ost-Stolz nicht kompatibel mit der Frage: Warum? Bezüglich einer Geographie erscheinen andere Empfindungen naheliegender. Ist die genetische Abstammung hinreichend bestimmbar und wenn ja, was ist daran besonders? Ist es die eigene Lebensgeschichte, die durch das Ossitum aufgewertet sein soll? Oder weil es Ossis gibt, die was taugen? Aber was hat man als Einzelner davon, wenn andere was geleistet haben?

Es muss wohl das Gefühl sein: Wir sind wieder wer. Wer? Auch das spielt keine Rolle, denn wer zu sein, ist wichtiger, als wer man ist.

Wer wer ist, kann für die gemeinsame Duldsamkeit und Leidensfähigkeit Achtung verlangen und gegenseitig gewähren. Und weil gearbeitet wurde, das gilt auch.

Bestanden früher viele Gespräche darin, einander zu erzählen, was man an fantastischen Sachen täte, wenn man gelassen würde, kreisen jetzt viele Unterhaltungen darum, was man getan haben würde, wenn man gelassen worden wäre. Bekenntnisse zum Ost-Stolz finden immer dankbare Hörer. In ihrer Bescheidenheit ist jedes Detail gegen die permanente Demütigung willkommen. Fans von Hansa Rostock finden sich in Chemnitz, solange Rostock in der Bundesliga spielt. Ost-Stolz ist die Steigerungsform des Wir-Gefühls. Wirissimo. Allerdings schadet es überhaupt nichts, wenn Ganzdeutschland Fußballmeister wird. Hypothetisch gesehen.

GRUND 49: BENACHTEILIGUNG

Das Gefühl der Benachteiligung als Ossis ist eine sich selbst erfüllende Prophezeiung. Geschichtsbedingt ist ihr Verhalten kaum auf Darstellung ausgerichtet, da die nach außen vorgeführte Persönlichkeit offiziell vorgegeben und von gegenseitiger Akzeptanz getragen wurde. Die vermeldeten Erfolge bei der vorfristigen Planerfüllung wurden belächelt, weswegen niemand einen Grund hatte, sich selbst als erfolgreich, dynamisch und noch erfolgreicher wegen größerer Dynamik zu präsentieren. Heute gibt es dafür einen Grund, denn der gesellschaftliche Generalkonsens besteht im wechselseitigen Nichtangriffspakt auf das Selbstbild. Es gibt keine schlechten Karten, es gibt nur schlechte Pokerer.

Bessere Karten bei den anderen und mangelndes Täuschungsvermögen – das ist zweifellos ein Nachteil. Die einzige annehmbare Ursache für einen Nachteil ist eine Benachteiligung. Eine Benachteiligung wird vorzugsweise auf etwas geschoben, wofür man nichts kann. Da bietet sich das Ossitum ganz gut an. Manchmal stimmt es sogar. Wenn nämlich einem Ossi andere Ossis einen Erfolg missgönnen und durch Gegenmaßnahmen auszugleichen versuchen.

In der Welt des Überflusses haben einzelne Versager es eben nicht gepackt. Dagegen gilt die Zugehörigkeit zu einer benachteiligten Gruppe als chic. Obwohl die Ossis nicht darauf abzielen, geben sie sich als Minderheit, die diskriminiert ist, geschunden und verlacht. Solange andere noch mehr bevorzugt werden, braucht man sich nicht zu genieren für Bedürfnisse, die wegen ihrer materiellen Natur als unanständig galten. Ein Leben in Saus und Braus macht erst dann ein schlechtes Gewissen, wenn sich Zufriedenheit einstellt. Bis zur Angleichung der Lebensverhältnisse sind die Ossis davor geschützt. Ebenso sicher ist ihnen die Verachtung, für dieses wenige Geld zu arbeiten.

Da sie schon fast ausschließlich Kontakt mit anderen Benachteiligten haben, läge die Idee nahe, gemeinsam eine Selbsthilfegruppe aufzumachen. Davor aber schrecken sie zurück, denn sie haben keine Erfahrungen mit Selbsthilfegruppen und wissen nicht, dass das nie hilft.

GRUND 50: POLITIKVERDROSSENHEIT

Die Wahlbeteiligung sinkt rapide. Immer mehr Wahlberechtigte gehen nicht mehr zur Wahl, weil man nicht mehr mit Nein stimmen kann. Zwar haben sie auch früher nicht mit Nein gestimmt, dafür aber aus Protest beim Einwurf des Wahlzettels grimmig geguckt.

Wer an den heutigen demokratischen Wahlen teilnimmt, trachtet danach, denen da oben einen Denkzettel zu verpassen. Was genau auf dem Denkzettel steht, wird am Montag nach der Wahl in den Gremien beraten. Dort einigt man sich auf die Ursache der Niederlage: «Wir haben es nicht geschafft, unsere erfolgreiche Arbeit publik zu machen.» Da ist natürlich was dran, das geschieht in der Tat nicht mehr so umfassend, wie es die Ossis von früher kennen.

Der Eindruck, den die Parteien hinterlassen, wird ganz richtig verstanden. Alle wollen sie im Prinzip das Gleiche, nämlich regieren. Mit welchem Parteiprogramm sie antreten, ist nur bis zur Wahl von Belang. Schwer nachvollziehbar bleibt, warum die Polit-Jungdynamiker derart erpicht darauf sind, Sachzwängen ausgesetzt zu sein. Die Bereitschaft zur Übernahme von Verantwortung wird immer nur vorher ausgewiesen. Hinterher findet sich nur unter Mühen jemand, der Verantwortung trägt.

Das Phänomen der Wechselwähler macht die Ossis zu einem gefürchteten Wahlvolk. Nach Überwindung der Einheitsliste wollen sie alles einmal ausprobieren. Wenn die Spitzenkandidaten sich endlich gegen die Widerstände der eigenen Partei durchgesetzt haben und nur noch die Stammwähler mobilisieren müssten, merken sie, es gibt gar keine. Auf der Strecke bleiben die Splitterparteien F.D.P., Grüne und SPD. Die F.D.P. zu wählen, macht bekanntlich noch lang nicht zum Besserverdiener. Grün wählen wegen des guten Gewissens geht nicht, dafür besteht zu wenig schlechtes Gewissen; erst ein verschmutztes Leben lässt gegen den bösen Castor protestieren.

Wer aber die DDR-Verschmutzung überlebt hat, möchte vorerst was davon haben. Das weiß man noch von Marx: erst muss es dem Menschen materiell gut gehen, bevor er sich deswegen ein schlechtes Gewissen gönnt. Die Sozialdemokraten kommen dank der geringen Wahlbeteiligung solide über fünf Prozent. Solange alle Parlamentsplätze noch mit einem Abgeordneten besetzt sind, gelten Sorgen um die Demokratie als unbegründet.

GRUND 51: IDENTITÄT

Das entscheidende Merkmal der ostdeutschen Identität besteht darin, dass sie verloren ist. Die frühen Neunziger waren übertönt von Warnungen und Klagen über Verlust, Wegnahme und Einbuße dieser Identität, die als die unsere in die Geschichte einging. Ein Staat geht unter, und der Bürger verliert seine Identität. Vorbildlich.

Es ist das nach der Stadt Stockholm benannte Stockholm-Syndrom, wodurch sich Geiseln mit den Geiselnehmern und ihren Zielen identifizieren. Man hing an der DDR, denn man hat beim Staat gearbeitet, ist mit dem Staat Bus gefahren, hat beim Staat zu Mittag gegessen. Die Untertanen waren unsere Menschen. Personen waren sozialistische Persönlichkeiten. Mit dem Übertritt zur Bundesrepublik war die Bevölkerung plötzlich kein friedliebendes Volk mehr. Das muss man verdauen.

Wie man ohne Identität auskommt, konnte man erst anschließend erfahren. Zehn Jahre ist das nun schon wieder her. Es mag kürzer erscheinen, aber ohne Identität vergeht die Zeit schneller. Erstaunlich ist, was alles dazugehört hat. Grüner Pfeil, grünes Ampelmännchen, grünes Sandmännchen, und das sind nur die Dinge, die erhalten geblieben sind nach einem erbitterten Kampf. «Unser letztes Stück Identität soll uns genommen werden!» Genommen! Von denen! Was sollen eigentlich die damit?

Einem gelernten DDR-Bürger bot die Umschulung zu einem simplen Beruf einen äußerst unzulänglichen Ersatz. Die Identität eines flexiblen Arbeitnehmers ohne Tarif ist wenig attraktiv, vor allem lässt sie sich nicht insgeheim unterwandern, während sie nach außen ausgestellt wird.

Der sozialistische Mensch verwirklichte sich selbst in der Arbeit. Nach der Entwirklichung wurde ihm keine neue Identität angeboten. Die Überläufer hatten sich das wohl vorgestellt wie in einem Zeugenschutzprogramm: Ich war immer schon dagegen, ich verpetze euch die anderen, die alles gewesen sind, oder distanziere mich zumindest von ihnen, und dafür kriege ich alles neu. Doch so kam es nicht, und das Nächstbeste war nur der Rhetorikkurs. Bleibt die Erinnerung an das ehemalige Raum-Zeit-Kontinuum, in dem alle nicht nur gleich waren, sondern identisch.

GRUND 52: FÜRSPRECHER

Benachteiligte identitätslose Wesen sind empfänglich für Meister, die sich ihrer Belange annehmen. Es sind sowohl Ossis als auch Wessis, die in die Rolle der Fürsprecher für die Sache der Ossis schlüpfen und mitteilen, was sie gerechterweise verdient haben. Vor lauter Dankbarkeit und überwältigt von dem Gefühl, verstanden zu werden, unterstellen sie Edelmut, Hilfreichtum und Güte.

Weitere Motive gibt es auch. Bei Politikern und Parteien ist das Ziel klar. Sie sprechen für den Osten, damit die Ossis ruhig sind. Der Westen soll für den Osten etwas tun, in Form von Geld, um die Spaltung zu erhalten.

Manche verbinden ihr bisheriges Anliegen mit der Aussicht, auf der Ost-Schiene weitere Argumente zu bekommen. Das geht zum Beispiel so: «Wir sollten das ganze Geld, was wir nach draußen pumpen, lieber in die Neuen Länder stecken. Dreihundert Milliarden haben wir allein an Israel gezahlt; so etwas wird nicht bekanntgemacht. Wie lange soll das noch gehen, das ist eine ziemlich einseitige Angelegenheit.» Das war der Anlass auch. Doch schon sieht der Ossi, wie dem Aufschwung der Dolchstoß versetzt wird, und stimmt seinem neuen Vormund zu, dass Zahlungen nicht länger dauern müssen als das, was sie entschädigen sollen. Gern nimmt er jenem die Arbeit ab, diesen Zustand publik zu machen, und hat eine neue Lebensaufgabe. Was er verkennt, ist das totale Losertum dieses verhinderten Unterstützers, der sein Dasein darauf verwendet mitzuzählen, wieviel Geld oder gar wieviele Gelder in den Export gehen. Das gibt ihm den gleichen Kick, wie es ein Börsenjongleur bekommt, der jeden Tag mit Milliarden zu tun hat. Auch wenn es hier nur die Beschäftigung mit Milliarden ist, für die er sich selbst als verantwortlich ernennt – das wertet immens auf und macht ein Gefühl von Omnipotenz, oder wenigstens von Potenz. Vermutlich würde er für eine Zurückzahlung der Beträge aus Israel locker sechs Millionen Ossis eintauschen.

Die Gemeinsamkeit aller Fürsprecher ist die Behauptung, die Fürsprache für diese Sache werde schwergemacht, denn sonst wäre sie zu leicht und von jedem zu vollziehen, der sprechen kann. Selbstverständlich steht nicht das eigene Interesse im Vordergrund, sondern das gemeinsame Anliegen der Gruppe. Der altruistische Satz lautet: Frag nicht, was dein Land für dich tun kann, frag, was kann dein Land für deine Gruppe tun! Nämlich mindestens dasselbe, was es schon für andere Gruppen getan hat. Jetzt bin ich, nein: sind wir dran, oder noch besser: unsere Gruppe ist dran.

Befindlichkeiten bessern sich, ohne dass die Situation auf irgend eine Weise geändert wäre. Angesichts der Gleichgesinnten werden offenbar Glückshormone ausgeschüttet, wie wenn jemand, der Stimmen vernimmt, gefragt wird: Ach, hörst du das auch?

GRUND 53: ABWANDERUNGEN

Eine Krise als Chance nutzen ist das Erfolgsrezept der Zeit. Dank der Chancengleichheit auf hohem Niveau machen seit der Wende unvermindert viele Enthusiasten das beste aus der Situation in Ostdeutschland; sie ziehen weg. In Erinnerung an die Worte: «Für niemanden wird es schlechter sein zu gehen, aber für viele besser», verlassen sie das ehemalige gelobte Land und siedeln sich dort an, wo der Aufschwung Ost stattfindet, im Westen. Die resigniert Zurückgebliebenen weinen ihnen keine Träne nach, weil sie keine Tränen mehr haben. Manche von ihnen hatten während der Wende selbst erwogen, in die BRD zu gehen und die DDR zu erhalten. Aber unter diesen Umständen ist das Verrat. Eins von beiden muss schließlich überflüssig sein — Westen werden oder in den Westen gehen. Bleiben heißt dann nichts anderes als ausharren. Jetzt erst recht, trotz alledem! Allerdings wissen viele einfach bloß nicht, wo sie den Antrag auf Ausreise abgeben können.

Für Ehepaare bricht eine Bewährungsprobe an. Ohne verbindende Ausreiserepressionen müssen sie sich darüber verständigen, welche Gegend es sein soll, welche Möbel mitgenommen werden dürfen und ob beziehungsweise warum der Entschluss jetzt schon oder jetzt erst getroffen wurde. Übersteht die Ehe diese Strapazen, fällt die Ortswahl vorwiegend auf einen Ballungsraum mit einer breiten Auswahl an Therapeuten.

Von den meisten der Abgehauenen hat die Heimat nie wieder was gehört. Das entspricht der Tradition. Wer Erfolg hat, und das heißt eine Arbeit gefunden, dem fehlt nicht nur die

Zeit zur Pflege der Verbindungen, sondern auch ein gemeinsames Gesprächsthema. Abgesehen von dem peinlichen Problem, was man schicken soll und warum überhaupt. Wer erfolglos bleibt, wird als zweifacher Taugenichts angesehen. Von ihm ist nichts zu wollen, nicht einmal im Westen, und als Verlierer hätte er auch gleich hier bleiben können!

GRUND 54: OST-PRODUKTE

Inzwischen sind auch in Supermärkten in den alten Bundesländern immer mehr Ostprodukte anzutreffen. Weniger in den Regalen als an der Kasse, wo sie die Waren über den Scanner ziehen. Der Kundschaft wird die Existenz von Ostprodukten verheimlicht, zumindest dass es sich um solche handelt. Sie sollen ja gekauft werden.

Für Ossis zählt der ideelle Wert. Sie kaufen, was es nicht gab. Somit ist nach zehn Jahren die Zeit für den Relaunch von vormals begehrten Waren gekommen. Es gibt ebenso wieder Schlager-Süßtafel und Knusperflocken. Die staatliche Nuss-Nougat-Creme Nudossi wird wieder hergestellt, diesmal wirklich mit Nuss und Nougat. Die fossilen Produkte haben die alte Verpackung, denn es gab für eine neue weder Geld noch Anlass, wegen des Kult-Status. Dafür kosten sie mehr als westliche Pendants, als ob Solidaritätszuschlag drauf erhoben würde. Es geht nur darum, nachträglich den nie dagewesenen guten Ruf wieder herzustellen, es hätte schmecken können.

Weil dafür die Bereitschaft des Geldausgebens besteht, bieten Supermärkte im Osten Schutzreservate mit dem Zollschild «Qualität aus den Neuen Bundesländern» an. Weniger auffällig sind die Regale mit der Aufschrift «Nur so aus den Neuen Bundesländern». Künftig wird die Zone amtlich bezeichnet als die Heimat der Ostprodukte.

GRUND 55: LITERATUR

Wer in fünfzig oder hundert Jahren wissen will, wie die Gesellschaft der DDR lebte, wird die Bücher von Stefan Heym lesen. Also niemand. Was musste er sich auch mit Zonenkram abgeben. Hätte er die gleiche Energie auf große Gesellschaftsromane für Westdeutschland, also das eigentliche Deutschland, gerichtet, dann hätte der Nobelpreis nicht an Günter Grass gehen müssen. Wegen Volker Brauns *Hinze und Kunze Roman* erscheint das Bezugssystem beinahe erhaltenswert, ohne das die Subversivität weder verstanden noch erklärt werden kann. Beide waren im Leseland DDR nicht zu kriegen, doch die Literatur wurde als kompetent für die Welt in den Grenzen der Sicherungsanlagen erachtet. Davon zehren die Trittbrettdissidenten, die ihre Literatur wegen der Regimekritik für wichtig halten und den Wert ihrer Regimekritik in der literarischen Ausdrucksform sehen. Nach dem Verlust ihrer Bedeutung als politische Kämpfer verlegen sie sich auf die Rolle als Wichtigtuer. Als Dissidenten von der Realität betreiben sie die Umwertung aller Werte mit dem Verzicht auf die Kategorien Gut oder Schlecht – es gibt nur *neue* und *nicht neue* Literatur, wichtige und nicht wichtige. Ihren Abklatsch bilden die lokalen Schreibschwuchteln, die glauben, dass alles, was gedruckt ist, gelesen wird und wichtig ist, wobei sie mit ihrem Tun an der Demontage dieser Prämisse arbeiten. Davon kriegen sie aber nichts mit in ihren lyrischen Zirkeln, in denen sie einander ihre Wichtigkeit bestätigen und ihren Mut zur Sprachaufbrechung als Avantgarde befeiern.

Zensur und ideologische Bevormundung beweisen erst, nachdem sie abhanden gekommen sind, ihre Unersetzbarkeit bezüglich der Qualität literarischer Werke.

GRUND 56: KUNST

Die typischen Befindlichkeiten werden ebenfalls durch das Verschwinden der volksverbundenen Kunst genährt. Sozialistischer Realismus war verständlich. Ein Bild verheimlichte nie, was es sagen will. Wer es nicht gleich erfasste, für den stand es nachzulesen im Titel. Meist waren die Auftragsbilder ohnehin Titel mit illustriertem Bild. Aufsteigende Linien veranschaulichten, wie unverbrüchlich es aufwärts geht. Selten redeten volkseigene Kunst und Volk aneinander vorbei.

Kapitalistischer Irrealismus kommt ohne Titel aus, stattdessen steht an der Stelle der Preis. Der Wert bemisst sich nicht mehr danach, was es sagen will, sondern was es kosten möchte. Nämlich viel. Damit steigt der Marktwert, was den Preis hochtreibt. Künstler, die die Welt malen, gelten als ideenschwach.

Ossis vermögen es unzureichend, den Ausdruck von Nichtskönnen als Kunstfreiheit zu erkennen und auf die Verfassung stolz zu sein, die sie garantiert. Sie fragen allenfalls: Wer ist hier blöd?, wobei sie ihren Verdacht auf sich fallen lassen. Was nicht unzutreffend sein muss, aber blöd können mehrere sein. Die größere Beleidigung sehen sie darin, dass sie sich diese Bilder nicht nur nicht ins Zimmer hängen würden, sondern dass sie auch noch viel zu teuer sind.

Wenn nur Versicherungen und Banken noch Originale kaufen, wie kann der Künstler da noch subversiv sein? Genau damit, indem das Geld von den Kapitalgesellschaften abgezogen wird auf eine zudem völlig legale Weise. Die Rolle der Kunst bleibt Gesellschaftskritik, nur ist die Methode verfeinert auf eine Art der direkten kommerziellen Schädigung.

GRUND 57: VERGANGENHEIT

Vergangenheit ist etwas, was man lieber nicht hat. Der Ossi hat sie. Der Ausdruck rührt von der Bezeichnung einer «Frau mit Vergangenheit» als einer, bei der ein Mann nicht der erste Mann war, was seinerzeit gegen sie sprach. Für den Ossi ist die Bundesrepublik nicht der erste Staat. Das Leben teilt sich in Früher und Jetzt, wobei das Früher etwas anrüchig ist, denn irgend jemand muss doch am Früher aktiv beteiligt gewesen sein.

Nach der Stimmung «No Future» brach die Befindlichkeit des «No past» herein. Denkmäler stürzten oder traten zurück, Straßen wurden wegen ihres Namens aufgelöst, Marx-Büsten umbenannt in «Dem unbekannten Philosophen». Die heutige Spaßgesellschaft ist eine ewige Gegenwart. Angeblich weiß derjenige die Zukunft nicht, der die Vergangenheit nicht kennt. Nach moderneren Erkenntnissen kann eine mit Vergangenheit behaftete Person das Künftige trotzdem nicht sehen. Wem die Bundesrepublik nur als Variante erscheint, dem traut niemand über den Weg, denn er hofft womöglich darauf, es möge doch irgendwann wieder andersherum kommen. Zumindest würde wohl die Überraschung ausbleiben, da ein Ossi im Gegensatz zu den Wessis einen derartiger Zusammenbruch schon erlebt hat.

Die hatten zuvor ihre eigene Vergangenheit aufzuarbeiten, doch zu ihrem Glück trat die DDR an die Stelle der bisherigen Vergangenheit als dunkelstes Kapitel der jüngsten deutschen Geschichte. Mangel an Zivilcourage finden sie in ihrer Demokratie verzeihlich, aber in einem Unrechtssystem entsetzlich unentschuldbar. Der eigene Parteivorsitzende oder Chefredakteur ist schließlich nicht annähernd so ein Despot wie der Staatsratsvorsitzende, gegen den man viel früher etwas hätte unternehmen sollen, dann wäre jetzt die Vergangenheit kürzer!

Wie ist also die optimale Betrachtung der prähistorischen Zeit, von der nichts als Vergangenheit geblieben ist? Ein Versuch steckt in dem Gebrauch des Zauberwortes «Biographie». In Verbindung mit «Achtung vor». Biographie haben alle, auch die Wessis. Dunkle Flecken müssten dann konkret angesprochen werden. Eigentlich. Genaugenommen gilt aber ein Ossi an sich schon als belastet. Womit? Mit Vergangenheit natürlich. Deswegen sehen sie alle so alt aus.

GRUND 58: ALTLASTEN

In den Medien ist bei Berichterstattungen über die Befindlichkeiten des Ostens so viel die Rede von Altlasten, die nur der DDR nachtrauern, dass klarzustellen ist: die gibt es wirklich. ZK-Groupies gehen in den Gerichtssaal zu Prozessen gegen ihre alten Idole und beklagen die westliche Siegerjustiz, die den Osten unterwirft und Rache an den alten Führungskräften nimmt dafür, dass auf deutschem Boden das kühne Experiment einer menschenwürdigen Gesellschaft unternommen wurde und daher einzelne Flüchtlinge nicht zu dulden sein konnten. Zugleich hegen sie Verachtung für die schlechte Siegerjustiz, die mit den geringen Strafen eine zusätzliche Demütigung darstellt. Sie halten die BRD für das Schlimmste, was passieren konnte, und singen auf ihren Versammlungen Kampflieder, zu denen sie ihr Alter legitimiert.

Manche sind noch im Dienst, weil sie nicht IM waren, sondern nur welche angeworben oder vermittelt haben. Demokratische Mitläufer halten die heutige Volksanpassung für ebenso groß wie die damalige, was ihre eigene Anpassung damals und jetzt relativieren soll. Die Zeitungsmacher sind dieselben geblieben? Na und, die Leser auch.

In der gegenseitigen Bewertung bescheinigten sie einander Unverstricktheit, außer denen, die sie loswerden wollten.

Welcher Umgang mit den Altlasten kann empfohlen werden? Am besten wäre die Auswahl einiger Vorzeigealtlasten, die sich bestimmt bereit fänden, und sie ungehemmt reden ließen. Das würde nicht nur zu einem Überdenken der Befindlichkeiten führen, auch eine abschreckende Wirkung auf die Neulasten wäre denkbar. Jedenfalls nicht völlig auszuschließen. Eventuell.

GRUND 59: UNBRAUCHBARKEIT

Wer jeden Tag vor der einzigen Entscheidung steht, spazieren zu gehen oder nicht, glaubt irgendwann, er werde nicht gebraucht. Nämlich dann, sobald die Entscheidung getroffen wurde. Das gilt als Makel, denn in der DDR wurde das Volk gebraucht zur Umsetzung der staatlichen Beschlüsse. Andere Leute werden offenbar gebraucht, denn die haben was zu tun. Als sogar einmal irgendwelche Wessis verbal kundtaten: «Wir brauchen euch nicht», war den Ossis mit Erfolg das Gefühl vermittelt, unbrauchbar zu sein. Zu erwidern: «wir euch auch nicht», war ausgeschlossen, denn dann wird vielleicht alles noch schlimmer, und so kann er es sich doch noch anders überlegen.

Nicht einmal als Objekt der Demokratisierung fühlen sie sich richtig ernstgenommen. Wenn es heißt: «Das müssen wir den Menschen drüben in den Neuen Bundesländern sagen» (Lafo '98), dann erwarten sie wie damals, als sie noch unsere Menschen waren, eine Propagandaaktion zur Überzeugung jedes Einzelnen. Nicht eine anonyme Massenansage.

Schlimmer als die Information, den Job übernimmt fortan eine Maschine, ist es, sagen zu müssen: «Meinen Job macht jetzt ein Wessi.» Und wenn es nicht einmal derselbe Job ist – umso schlimmer. Alle nehmen einander die Arbeitsplätze weg, bloß keiner erledigt die Arbeit. Die Arbeitsbeschaffungsmaßnahme hat es an sich, dass sie demnächst ausläuft, denn sie sollte nur einige Zeit über das Gefühl der Unbrauchbarkeit hinweghelfen. Der erste Arbeitsmarkt ist wie die Oberliga, ein Aufstieg illusorisch. Ossis, die Arbeit haben, werden als Reihe im MDR vorgestellt.

Und die anderen sind alle brauchbar? Die funktionale Betrachtung erfordert diese Schlussfolgerung. Die Frage nach der eigenen Brauchbarkeit indes stellen sich nur Ossis. Das ist auch gut so. Nicht auszudenken, wenn auch noch die Wessis in Depression verfallen.

ERSCHEINUNGSBILD UND KLISCHEES

Das Auftreten, Verhalten und Out-fit der Ossis scheint die Unbrauchbarkeit zu bestätigen. Ein Ossi ist jederzeit als solcher erkennbar, das verbindet ihn mit den Negern. Mit der Wahl ihrer Kleidung beweisen sie, dass es nicht nur darauf ankommt, was man anhat, sondern wie man es trägt.

Indem sie alles daran setzen, nicht aufzufallen, aber ständig kommandobereit auf die Entgegennahme von Anweisungen warten und möglichst vorfristig erraten, was von ihnen erwartet wird, hintertreiben sie ihre Normalität, an der ihnen so viel liegt.

Eine andere Strategie, das Erscheinungsbild dem Klischee anzupassen, liegt im offensiven Bekenntnis. Nicht als Ossi auftreten heißt gar nicht in Erscheinung treten, also gibt man sich lauter und prolliger als die lauten Prolls aus dem Westen.

Zuständig für die Vermittlung von Bildern sind Medien. Sie befassen sich allerdings nicht mit dem hinlänglich Bekannten, sondern mit den ungewohnten Aspekten. Es besteht daher ernster Anlass, sich Sorgen zu machen in Anbetracht der vermehrten Meldungen, es gehe aufwärts. Die Arbeitslosigkeit ist kein geeignetes Thema, weil durch. *Durch* ist der Fachausdruck in den Medien für etwas, worüber schon alles gesagt wurde. Medien denken, wenn über etwas alles gesagt ist, und zwar von allen, dann habe sich die Sache erledigt.

GRUND 60: BEKLEIDUNG

Auch wenn es nicht mehr die Sachen von früher sind, sehen sie doch übereinstimmend aus wie aus dem Ossi-Katalog. Neben den Größen L, XL und XXL muss es auch spezielle O-Größen geben.

Einst ging es darum aufzufallen. Auf dieses Ziel wurde viel Mühe verwendet, denn es reichte zwar schon irgend etwas Buntes, aber wo bekam man das her? Heute würde Grau auffallen, aber das will niemand mehr, sondern modisch und sportlich sein. Also fallen alle auf, nämlich als Ossis.

Dennoch liegt weiterhin im persönlichen Stil ein Bekenntnis. Das Bestreben, normal zu sein, drückt ein Stück Normalität aus, und das ist wichtig in dieser Zeit, in der Normalität stückweise erlangt wird.

Weiße Socken sind out, besonders in Sandalen. Das hat sich auch in der Zone herumgesprochen. Dass die Ossis strikt an ihnen festhalten, wird fälschlicherweise ihrer Identität zugeschrieben. In Wahrheit liegt der Grund in der demonstrativen Abgrenzung von den Roten Socken. Dieses Kleidungsstück entspricht daher eher der weißen Weste. Die Sandalen sind das Gegenstück zu den Winkelementen und verweisen als Protestlatschen auf die Abstimmung mit den Füßen.

Ein schweres Problem bildet der vorgeschriebene Zweck des Kleidens nach Marken, der darin liegt, Geld zu zeigen. Das erscheint den Ossis zu Recht paradox: Wie soll man Geld zeigen, das ausgegeben wurde? Der unbedingte Modegehorsam stellt vorrangig zur Schau, man werde auch der nächsten Ansage Gefolgschaft leisten und das nötige Geld aufbringen. Hier können die Ossis schwer mithalten, die sie noch als obersten Wert die Weltanschauung verinnerlicht haben, ohne darauf gefasst zu sein, dass die Welt zurückschaut. Gekämpft wurde immer für die Sache, nicht die Sachen. Die Vorliebe für die Freikörperkultur ist daher nachvollziehbar als die bessere Option.

Grund 61: Im Urlaub

Das Gefühl, im Ausland als Menschen zweiter Klasse behandelt zu werden, ist allen ehemaligen DDR-Bürgern vertraut. Dank

der Währungsunion konnten sie sich im Sommer 1990 erst-
mals wie Menschen erster Klasse fühlen und den früheren
Brudervölkern die Demütigungen heimzahlen. Endlich offiziell
deutsch geworden, durften sie sich auch entsprechend verhalten. Die wollen doch hier was von uns, nämlich unser Geld, da
möchten sie auch was dafür bieten. Zum Beispiel anständig
Deutsch lernen, wenn wir ins Geschäft kommen sollen.
Verbürgter Ausruf: «Een Deidsch ham de dahäre, da mäschste
glee wir zä Hause!» Und weil sie nicht verstanden werden,
erhöhen sie eben die Lautstärke.

Inzwischen wird die Arbeitslosigkeit gezielt eingesetzt, um
die Ossis am Verreisen zu hindern.

GRUND 62: MILLIARDENTRANSFER

Der Westen hat in den Osten nicht nur Milliardensummen an
Geld transferiert, sondern auch geeignete Leute, um es in
Empfang zu nehmen. In Verwaltung, Wirtschaft oder Treuhandanstalt übernahmen sie Verantwortung und die damit ver-
bundene Entschädigung.

Geschaufelt wird das Geld, gar gepumpt, metaphorisch in
jedem Falle von seinem natürlichen Platz irgendwohin ver-
bracht, wo es nichts zu suchen hat. Das Wort vom Transfer
beschwört die gute alte Zeit der Grenze.

Zum Transfer gerechnet werden nicht nur besondere
Fördermittel. Jeder Durchlaufposten, jede Buchung, jeder
Schein, der irgendwann mal durch die Zone ging, zählt als
Transferleistung. Alles, was in der Zone einmal bezahlt wurde,
wie Einsätze des Bundesgrenzschutz, der Bau des Bundes-
kanzleramtes und der Einsatz von Kommissionen, die sich vor
Ort über den Fortlauf der Entwicklung wundern, gehört dazu,
jedoch nicht der Solidaritätszuschlag, der für die direkte
Abbuchung des Zwangsumtausches gehalten wird, aber in den

Bundeshaushalt fließt. Allerdings ist die Einordnung wiederum komplizierter geworden, da Bundesregierung und Bundestag nach Berlin gezogen sind, vermutlich wegen der Fördermittel.

«Was mache ich eigentlich mit dem ganzen Geld?», fragt sich der Ossi, der vom Wessi gefragt wird: «Was macht ihr eigentlich mit dem ganzen Geld?» Ja was? Ist es alles aufgegessen? Und von wem? Wurde mit dem Geld die Straße gepflastert, und als die Münzen alle waren, hat man mit Scheinen weitergemacht?

Gern hören die Ossis auch die Anerkennung von Wessis für die neue Glasfassade der Sparkasse: «Dafür zahlen wir unser Geld doch gern.» Das ist eine spezielle Form von Tourismus; immer mehr Westdeutsche besuchen das Land, das sie bezahlt haben. Aber weil Mallorca schon voll ist, fahren sie durch Ostdeutschland.

Ihnen allen ist klar, die Zonis können nicht mit Geld umgehen. Deswegen sollte man ihnen nur Spielgeld zuteilen und die Zuwendungen mehr auf eine emotionale Ebene verlagern. Alle können unzufrieden sein, und das ist ihr liebster Zustand.

GRUND 63: UNDANKBARKEIT

Der Wunsch nach Ende der Zahlungen wird formuliert: Die sind nicht einmal dankbar. Ein Landstrich, der mit Geld über Wasser gehalten wird, müsste Gesten des Dankes organisieren. Doch während sich jeder Einzelwessi als Geber betrachtet, sieht sich kaum ein Ossi in der Rolle des Nehmers. Denn dazu müsste er was haben. Bei denen, die ihn so sehen, stellt sich Misslaune ein. Jede Hilfe belastet jedoch den Nehmer mehr als den Geber, in diesem Falle zusätzlich durch die von den tatenlosen Wohltätern erwartete Dankbarkeit.

Daran sollten die Wessis gewöhnt sein aus anderen Kolonien, denen sie die Zivilisation gebracht haben und die nichts damit anfangen können. Wie immer brachten sie das beste, was sie bieten konnten: sich. Um das beiderseitige Verständnis sollte sich der Staat kümmern. Bessere PR-Aktionen könnten die Zahlungen transparenter machen. Statt bloßer Überweisung könnte Bargeld in einem Castor transportiert werden, was die gebührende Aufmerksamkeit hervorriefe. Zur Begleitung singen Volkstanzgruppen «Danke für jeden neuen Schein». Das entbünde die Dankeswilligen von der Frage, wem gegenüber konkret die Geste zu erbringen sei.

Bis dahin würde es vielen Meinungsträgern für den Anfang schon reichen, wenn die Ossis nach dem Abkassieren nicht auch noch PDS wählten. Gerade davon lebt die PDS. Die Wähler trotzen dem Dankbarkeitsdruck und sagen: Seid ihr nur schön dankbar dafür, dass es nicht umgekehrt gekommen ist!

GRUND 64: SPRACHE

Das Beharren auf den Dialekt ist eine besonders perfide Art der Undankbarkeit. Jetzt erst recht. Für die Demonstration ihrer Stärke und ihrer Persönlichkeit übernehmen sie dabei eine Masche aus dem Kabarett: mit einem Dialekt gesprochen hat man sofort eine Figur.

In erhöhter Tonlage lassen sie alles herausfallen, was jetzt erlaubt ist. Das Grundgesetz sollte die freie Rede nur auf Hochdeutsch schützen. Früher hielt man sich an das Sächsisch-Berlinerisch mit Dorfakzent, weil man glaubte, das könne die Stasi nicht verstehen. Ein Irrtum, wie sich herausstellen sollte; sie hat diese Sprache hervorgebracht.

Auch dieses Medium ist die Botschaft, und zwar schon die ganze. Benutzer und Außenstehende würden aneinander vorbeireden, wenn es was zu sagen gäbe. Diese Sprache wird gepflegt als Abgrenzung gegen außen, und weil das Fränkische nervt.

Leider ist es im Zuge der innerdeutschen Verständigung noch nicht bis zu allen Wessis vorgedrungen, dass es sich bei den Lauten der Ossis überhaupt um Sprache handelt. Vielfach werden sie lediglich für Stöhnen und Klageschreie gehalten oder für alkoholisiertes Gröhlen. Die Grenzen sind in der Tat fließend. Einige Linguisten wollen schon aus dem Rülpsen eine Grammatik herausgehört haben.

GRUND 65: ARBEITSVERWEIGERUNG

Wer heute um die fünfzig Jahre alt ist, wurde vierzig Jahre nur belogen und betrogen und befindet sich somit auf dem Stand eines Zehnjährigen. Das erschwert die Arbeitsvermittlung. Das vorherrschende Bild sagt jedoch nichts darüber aus, ob es den Ossis darauf ankommt, warum sie nicht arbeiten, und ist von mangelnder Initiative geprägt. Wenn im Nachbarort ein Job frei ist, dann bemühen sie sich nicht einmal, Kredit für die Bahnfahrkarte gewährt zu bekommen. Viele lassen sich kein Telefon installieren, um sich nicht zu Bewerbungsgesprächen anmelden zu müssen. Wegen der Pflicht zur regelmäßigen Meldung auf dem Arbeitsamt können Arbeitslose nicht zur Jobsuche aufbrechen.

Arbeit im Kapitalismus sehen viele als Ausbeutung an. Aus Reflex ziehen sie nur Stellen im öffentlichen Dienst oder Arbeitsbeschaffungsmaßnahmen in Betracht.

Bei jeder Bewerbung ist die Wirkung in der Nachbarschaft zu beachten. Manche täuschen ihrer Umgebung vor, sie gingen wie üblich aufs Arbeitsamt, dabei haben sie schon eine Arbeitsstelle.

Ein neues Verständnis von Arbeit setzt sich allmählich durch. Früher wurde das Material alle, damit war die Arbeit erledigt. Jetzt ist das anders, und das sollte sich auf die Vorgehensweise bei den Bewerbungen auswirken. Es gibt immer Material für neue Bewerbungen, niemals ist ein Ende in Sicht. Niemals darf man aufhören, bei der Stellensuche Initiative zu zeigen, denn wer wirklich Stellenangebote sucht, findet auch welche.

GRUND 66: LESERBRIEFSCHREIBER

Als die Zeitungen noch amtlich waren, war die Eingabe an den Staatsrat das direktere Mittel. Inzwischen arbeiten Presse und Regierung wirtschaftlich, weswegen Zeitungen gern ihre Zeilen mit Beiträgen von kostenlosen Lesern füllen, die sich von der Vorstellung leiten lassen: Das sollen die da oben mal lesen; gedruckt in einer nennenswerten Auflage wirkt das auf die Herren mehr als die handgetippten Petitionen.

Der häufigste Satz der Leserbriefe in *Bild* ist der Vorschlag für alles: sollen die doch bei den Diäten sparen und dafür uns kleine Leute nicht mehr melken. Vier Millionen Leser nicken und können nicht irren. Wenn die angesprochenen Herren, vorzugsweise Schily und Trittin, die Empfehlungen ignorieren, zeigt das nur, wie weit sie sich von der Realität der Leser auf der Straße abgesetzt haben.

Ob sich die Schreiber wichtig fühlen und deswegen schreiben, oder ob sie durch das Schreiben ihren Mangel an Wichtigkeit kompensieren müssen, ist nicht abschließend geklärt. In der Tat bestehen kaum Unterschiede zu Pressemitteilungen der Politiker, die demnächst zu Hinterbänklern aufsteigen möchten. Möglicherweise handelt es sich um ein Resultat der Politikerverdrossenheit, die dazu animiert, den Politikern den Verdruss zurückzugeben. Bald wird das Leserbriefschreiben zur Sucht. Manchen hat sie in den Ruin getrieben; Beziehungen wurden vernachlässigt, Wertgegenstände für das Porto verkauft. Der Entzug in Therapiegruppen kommt schleppend voran. Schmerzhaft ist der Schritt zur Erkenntnis: Ich habe ein Problem, ich bin immer mehr in diesen Teufelskreis hineingeraten. Jetzt bin ich seit drei Tagen ohne Leserbrief, habe den Füller versteckt und den Computer verkauft.» Die Gruppe nickt kundig und wirft die Frage auf: Wer tut eigentlich etwas für uns? Schon entsteht ein gemeinsamer Leserbrief an die nächstbeste Zeitung.

GRUND 67: WESTFEINDLICHKEIT

Wessis im Osten fühlen sich eisig behandelt. Wo sie multikulturelle Anpassung erwarten oder schlimmstenfalls Integration, schlagen ihnen negative Wellen um die Ohren. Für ihre Ratlosigkeit können sie nichts, denn sie sind es aus dem toleranten Klima nicht gewöhnt, sich zu behaupten.

Man liebt den Westen, nicht den Wessi. Die Wessis würde man am liebsten einzeln 'rausmobben. Wer als Wessi erkennungsdienstlich aktenkundig ist, hat damit den Vermerk *eingebildet und arrogant* in den Papieren.

Die Westdeutschen haben die Stelle der sogenannten Freunde eingenommen. Vorteilhafterweise waren die Russen in den Kasernen, Kontakt war verboten, um die Liebe zur Sowjetarmee aufrechtzuerhalten. Die Armee ist verschwunden, die neuen Russen sind trotzdem da, und dann auch noch die Wessis, die alle Probleme auf Feindlichkeiten zurückführen.

Die Einführung von Begegnungsstätten ist eine naheliegende Idee, läuft aber ins Leere. Wessis haben Begegnungsstättenerfahrung nur aus der Sicht der Begegner, nicht der Begegneten. Und Ossis haben keine Lust, sich von Wessis erklären zu lassen, wie man einander richtig begegnen soll.

GRUND 68: INTOLERANZ

Ob Ossis wirklich überdurchschnittlich intolerant sind, ist nicht abschließend erforscht. Sicher ist, sie reden weniger davon, wie tolerant sie sind. Die Bekundung der Toleranz wurde ihnen nicht abverlangt, stattdessen ein klarer Standpunkt, selbstredend parteilich, und die Fähigkeit, jederzeit zu jedem Vorfall innerhalb von Sekundenbruchteilen Stellung zu beziehen. Die vorgeschriebene Stellung allein zu haben, reichte nicht aus, sie musste verinnerlicht sein. Für Toleranz gab es keinen Spielraum. Toleranz ist Sache des Bundespräsidenten, der so tolerant ist, dass es klappert.

Über das Wesen und den Grad der Toleranz ist damit noch nichts bekannt. Die Westtoleranz besteht womöglich im vorauseilenden Ducken vor einer Übermacht oder im Verlangen nach dem Gefühl von Stärke, die er als Tolerierer innehat. Im Streit, ob von Ausländern verlangt werden kann, dass sie sich zumindest nicht noch weniger an Regeln halten als die Fahrradfahrer, vertritt der Gutwessi eine generelle Schuldunfähigkeit, als handle es sich um Untermenschen: «Denk doch mal, wo der her kommt, was der gesehen hat, der kann doch nichts dafür, der muss eben dealen. Oder er ist verwandt mit Leuten, die welche kennen, die was durchgemacht haben.» In der Kontroverse ist er nicht mehr tolerant als der andere, hat sich aber durch sein Auftreten gegen Intoleranz so empfunden. Zudem verbucht er das neutrale Gefühl gegenüber Menschen, die nichts weiter tun und niemanden beeinträchtigen, als seine Toleranz.

Von den Ausländern ist bekannt, dass sie nicht sehr multikulturell veranlagt sind. Das ist jedoch kein Fall für die Toleranzbeauftragten, die auf die nächsthöhere Stufe der Toleranz kommen möchten, indem sie ihre Intoleranz und damit die der Deutschen bekämpfen. Die finden sie in den Ossis, die sie dann irgendwo als Deutsche akzeptieren.

GRUND 69: KIRCHE

Nur fünf Prozent der Zonenbevölkerung ist konfessionell, die Mehrzahl davon, ohne es zu ahnen. Auf die Frage, um was es in der Kirche gehe, antworteten 26 Prozent: «Um Gott», nur 14 Prozent gaben korrekt an: «Um Geld.» Dagegen meinten auf die Frage: «Wer hat uns 40 Jahre nur belogen und betrogen?» 62 Prozent: «Die Kirche», 18 Prozent mit «weiß nicht» und 14 Prozent «keine Angaben». Für die Frohe Botschaft halten 72 Prozent das Versprechen blühender Landschaften.

Schwierig ist die Lage vor allem für kleine und mittelständische Kirchen. Die bei der Kollekte eingesammelten Spenden reichen gerade zur Erhaltung des Opferstocks. Viele Glocken sind außer Betrieb, so dass der Pfarrer von Haus zu Haus gehen und Bimbimbim rufen muss.

Durch die leeren Kirchen fallen die verbleibenden Kirchgänger in eine Glaubenskrise, weil sie meinen, es könne keinen Gott geben, der so etwas zulässt.

Zu DDR-Zeiten waren die Kirchen als einzige staatsfreie Nische besser besucht dank der zahlreichen Informellen Mitarbeiter. Heute zeigen sich die verheerenden Auswirkungen der atheistischen Generationen. Missionare landen leider allzu oft im Kochtopf. Wenn Jugendliche überhaupt religiös empfinden, dann handelt es sich um Teufelsanbeter. Ostern, Weihnachten und die anderen Feiertage betrachten die Kids nur als große Party, wo man einfach bloß Spaß haben kann. Unter Kirchenleuten wird die Resignation so stark, dass viele schon das Jüngste Gericht herbeibeten, wenigstens für Ostdeutschland.

Grund 70: Rassismus

Unter genetischen Aspekten sitzt die rassistische Ideologie einem Irrtum auf: In der Evolution, die sich an den Darwinismus hält, hat nicht diejenige Population mit der möglichst hohen Reinerbigkeit die besseren Chancen, sondern erfolgreich in der Anpassung ist jene mit einer großen Vielfalt an Genen. Daher ist es ungünstig, wenn eine Generation zu drei Vierteln von einem Dutzend Negern abstammt. Das ist es aber nicht, was die Rassisten umtreibt. Sie spüren ihre Minderbemitteltheit und können nur aufrecht gehen, wenn sie andere für noch minderwertiger erachten.

Der Durchschnittssossi ist nicht aus Rassismus ausländerfeindlich, sondern weil er Asylanten sieht als solche, die sich in der Schlange vordrängeln und etwas kriegen, wo er doch erst selbst dran wäre. Die erst nach der Wende ins gemachte Nest kamen unter dem Vorwand politischer Verfolgung. „Wir haben auch vierzig Jahre unter einer Diktatur gelebt und sind nicht weg!», wird er sich gedacht haben. „Die kommen doch nur, weil es ihnen hier gut geht!» Wenn aber die Asylanten nicht hungrig und die Wirtschaftsflüchtlinge nicht verfolgt sind, findet er Brandanschläge auf Asylantenheime „im Prinzip zwar nicht direkt in Ordnung, aber doch irgendwo schon nachvollziehbar, es hat nur leider zu oft die falschen erwischt.» Wer die Richtigen sein sollen, bleibt unerwähnt.

Zudem machten die Ausländer den Eindruck, außer nichts zu essen hätten sie auch keine Frauen. Die sind wohl bei der Verfolgung auf der Strecke geblieben. Der Vorteil für die deutschen Frauen: sie kriegen endlich wieder gesagt, was sie tun und lassen sollen, und werden warten gelassen, wodurch es nie langweilig wird. Dennoch glauben sie sich gegenüber dem wilden Fremdling überlegen und können sich endlich einmal wieder als deutsche Frau fühlen.

Wessis betrachten Rassismus vorzugsweise als Ost-Problem,

um überhaupt darüber denken zu können. Rassisten gibt es, aber nicht in meinem Vorgarten! Wir essen beim Ausländer, und wo wären wir, wenn die alle aufhören würden zu kochen. Das denken sie zufrieden schmatzend und ahnen nicht, wie nah dran sie an Ressentiments sind.

GRUND 71: DEFENSIVHALTUNG

Statt betroffen sind Ossis angegriffen. Die Welt wird als ständige Beleidigung wahrgenommen. Alles wird als Kritik und Vorwurf aufgefasst, und wenn keine negative Äußerung erkennbar ist, dann ist sie nur versteckt.

Von früher her fühlen Ossis sich verantwortlich für das Ganze. Wer die DDR angreift, wird vernichtet, deswegen lassen wir uns auch als Neue Bundesländer das nicht bieten, was die von uns halten. Was von drüben kommt, ist feindlich. Wenn Wessis ihrer Lieblingsbeschäftigung nachgehen und Erklärungen abgeben, dann kann das nur bedeuten: die halten uns für dumm! Bloß weil wir Ossis sind!

Dabei meinen Westbesucher es gut, wenn sie beispielsweise fragen: Von wann ist die Bauruine? Diese Provokation muss abgeschmettert werden mit einem scharfen: Das gibt's doch bei euch genauso!

Die Mitschuld an der Welt ist eine schwere Bürde. In der Tradition, den Überbringer für die Nachricht zu schelten, wird ihm Freude am Heruntermachen zugeschrieben. Heruntermachen geht offenbar durch bloßes Benennen. Fortan ist da ein wunder Punkt.

Die Verteidigungshaltung wird schon eingenommen, wenn der Ossi das Fehlen des Wir-Konsenses spürt. Negative Sätze haben noch die Anrüchigkeit einer Beurteilung, die nie wieder aus der Akte verschwindet und unklare Folgen nach sich ziehen mag. Negative Sätze enthielten stillschweigend immer auch:

Davon wird eine Meldung gemacht. Ich sage lieber gar nichts mehr – diese Reaktion der Ossis ist als der erlernte Reflex geblieben. Doch das tun sie nicht.

OST-HUMOR

Mit der DDR ist ein immenses Gag-Potential untergegangen. Derart komische Führungskräfte kommen so bald nicht wieder, jedenfalls nicht alle zugleich. Humor lebt von Missständen und Unzulänglichkeiten, hatte also ausgesorgt. Zielgruppe waren die Menschen. Der Westen hatte die Beatles und die Rolling Stones, aber das Ost-Pendant waren die politischen Witze. Der Erzähler war ein Held; er stand mit einem Bein wegen staatsfeindlicher Hetze auf der Freikaufliste. Zu Recht sah sich die Führung von Witzen bedroht, denn die DDR war der Feind der Witzigkeit.

Als Volk mit Humor gilt eines, dessen Mitglieder über das eigene Wesen lachen können. Das ging in der Zone solange gut, wie nichts davon nach außen an den Gegner drang. Inzwischen aber ist der Gegner da, und jeder Humor über das Ossiwesen ist gegen das Ossiwesen und damit für die Wessis, darf also nicht stattfinden. Deswegen wurde der Ost-Humor abgeschafft, und unter seinem Namen firmiert ein Surrogat, das seine Grenzen dort findet, wo die Gefahr droht, es könnte komisch oder gar selbstironisch werden.

GRUND 72: WITZE

Honecker hat sich ein Bein gebrochen – er ist in eine Versorgungslücke gefallen. Wahnsinnig komisch in einem Land, in dem es Versorgungslücken und Honecker gibt und wo dieser Sonnenkönig ruhig in eine Versorgungslücke hineinfallen soll, damit der sehen kann, wie groß die sind und dass es die gibt! Sonst glaubt er's doch nicht! Und dann unternimmt er vielleicht doch endlich was dagegen, der müsste mal sehen, wie es unten wirklich zugeht. So ließ sich der Rest des Tages gleich viel heiterer verleben, und das plötzlich über-

mannende Schmunzeln verkürzte die Zeit beim Schlange-
stehen. Dass die Pointe unlogisch war, störte nicht; Honecker
hätte sich beim Sturz in die Versorgungslücke nicht das Bein
gebrochen, denn er wäre auf das Volk gefallen. Diese launige
Metapher deutet schon das Problem der ehemaligen Witze an:
sie funktionieren nicht mehr, auch wenn sie mit aktuellen
Namen gefüttert werden. Waigel? In ein Finanzloch? Je nun,
netter Versuch. Polizistenwitze, auf den Verfassungsschutz
umgemünzt? So etwas steht im Internet, aber weitererzählen
will das niemand. Die Wessis als Witzobjekte? Auch diese
Versuche gibt es. Die da oben sind schließlich die Wessis, und
schuld an allem obendrein. Doch einen Honecker-Ersatz
geben auch sie nicht ab, dafür sind es zu viele, und sie geben
nicht einmal vor, für das Wohl des Volkes zuständig zu sein.
Wessi-Witze verstärken den Frust, statt ihn zu lindern. In dieser Funktion lassen sie sich gezielt einsetzen. Doch die allgemeine Ossi-Missgelauntheit basiert offenbar hauptsächlich
darauf, dass dem Ost-Volk seine Witze abhanden gekommen
sind.

GRUND 73: HUMORISTISCHE BÜCHER

Es gibt eine Reihe von Humorbüchern, von denen die Alten
Bundesländer verschont bleiben, denn sie betreiben
Regionalhumor für die Zone, und dabei wiren sie, was das Zeug
hält. Wir als Randgruppe oder Elite, wir sind doch nicht so
dumm, wir sind wieder was beziehungsweise immer noch.
Kalender mit aktuellen Jahreszahlen holen mit Ulbricht-
Titelbildern die Satire von vor dreißig Jahren nach; schätzungs-
weise in zwanzig bis fünfundzwanzig Jahren werden die
Achtziger Jahre erreicht. Auch aktuelle Bezüge kommen nicht
zu kurz: Kritisch aufgespießt mit spitzer Feder, aber mit linker
Hand gezeichnet werden die beklagenswerten Erscheinungen

der Marktwirtschaft, wo mit allen Mitteln Geld gemacht werden will.

Verkauft wird damit nicht die Erinnerung an die alte Zeit, sondern das Gefühl, auf die neue getrost verzichten zu können. Anstand und Moral haben die Ossis gepachtet, und zwar vollständig, so dass für Wessis nichts mehr bleibt. Das kommt den frühberenteten Kaderleitern und Dispatchern gerade recht, die um die Anerkennung ihrer Lebensleistung ringen. Die kaufen diese Bücher zwar nicht aus Begeisterung, sondern weil sie es gut finden, dass so etwas noch gedruckt wird, das unterstützt werden muss.

Man sollte sich diese Druckwerke dorthin stecken, wo sie sowieso hineinkriechen wollen.

GRUND 74: KABARETT

Wenn eine Befindlichkeit mies ist und es gelingt, über sie zu lachen, dann hat sich die Befindlichkeit schon gebessert. Das muss das Kabarett um jeden Preis verhindern. Denn die Ost-Befindlichkeit ist das einzige, was das Publikum vereint. Früher waren die Karten für das städtische Kabarett stark begehrt; man konnte damit den Handwerker ins Haus locken, und bei noch mehr Beziehungen hat er sogar gearbeitet. Das Ensemble war angestellt und durfte lokale Schlaglöcher und Fahrplanverstöße der Straßenbahnen aufspießen. Das Auftreten im Kollektiv entsprach dem Menschenbild, und indem scharfzüngige Halbsätze einer Figur wie Hausmeister oder Gemüsefrau in den Mund gelegt wurden, konnten die konstruktiven Geschmacksberater ausgetrickst werden: Das sagen ja die Rollen, und dieses unzureichende Bewusstsein wollen wir ja gerade vorführen.

Erstaunlich: Jetzt, da diese DDR-bedingten Formalismen nicht mehr notwendig sind, führen die Kabarettisten sie dennoch fort. In Tatgemeinschaft laden sie ihre Liedbotschaften über dem Zuschauerraum ab, dazwischen schreien sie ihre Sketche. Hausmeister und Gemüsefrau sind auf einmal Transportfiguren für das gesunde Volksempfinden.

Weil gelacht werden soll, beginnt jedes Programm mit einer Aufwärmphase, in der dem Publikum klargemacht wird, was es hoffen darf. Nämlich nichts. Einige Fäkalsprüche konditionieren auf das Lachen über Fäkalsprüche. Wer dann noch nicht geschmunzelt hat, wird auf die Bühne gezerrt oder in das Lied einbezogen; hinterher ist allen Zuschauern ihre Aufgabe klar, und sie wissen, dass sie nichts besseres verdient haben. Dann kommt der Betroffenheits-Teil, meistens abgeschrieben aus den humoristischen Büchern vom vorherigen Kapitel, einige Leser werden sich erinnern. In dieser Phase wird jede Pointe angekündigt mit: «Näjaa unn die ... Wessis» – egal was dann kommt, die Leute biegen sich vor Lachen.

«Ein gelungener Abend», befindet die Gruppe hinterher, nur die paar hinten in der Ecke, die sich ihre Würde bewahren wollten, «die waren ganz schwer zu kriegen! Eindeutig Wessis.»

Zum Glück prägt sich den Zuschauern nichts ein. Sie werden wiederkommen.

GRUND 75: DER EULENSPIEGEL

Dieses Heft gilt als Satiremagazin, weil es sich so nennt. Nach heutigen Maßstäben ist das entscheidend, deswegen gilt auch *Focus* als Nachrichtenmagazin. Es entstammt nicht einer satirischen Tradition, sondern der Propaganda, wofür es nichts kann. Jetzt ist es nur noch das Zentralorgan der *Eulenspiegel*-Leserschaft, dafür kann es etwas. Mit Alleinvertretungsanspruch für Ost-Befindlichkeiten wird eingeladen zur gemeinsamen Verbitterung.

Der *Eulenspiegel* will einerseits auf keinen Fall die Stammleser vorzeitig verlieren, das heißt, bevor die Erben das

Abo nicht übernehmen, andererseits jedoch nicht als zonig angesehen werden, weswegen in der Redaktion das Wort «zonig» verboten ist. Die Beiträge von Westkarikaturisten und Westautoren zeigen, wie wenig es von der geographischen Lage abhängt, ob ein Produkt zonig wird.

Bestenfalls unangetastet bleibt die klare Linie: die kleinen Leute bekommen schwarz auf weiß die Meinung geliefert, die sich erwartungsgemäß mit der ihrigen deckt. Die da oben kriegen ganz schön eingeheizt, und dem militärisch-industriellen Komplex wird eins ausgewischt. Das halten Leser und Herausgeber für subversiv. Haben aber kleine Leute den Aufstieg geschafft, etwa von der Stewardess zur Moderatorin von «Sabine Christiansen», bekommen sie ihre Herkunft um die Ohren geschlagen.

Früher, als der *Eulenspiegel* die einzige Instanz für Klagen aus der Bevölkerung über unfreundliche Verkäuferinnen und bürokratische Auswüchse war und die Drohung: «Das schreibe ich an den Eulenspiegel!» den Service verbessern konnte, damals hatte die Kulturkritik eine unvergleichbare Brisanz als die einzige Möglichkeit, kritische Gedanken überhaupt öffentlich zu formulieren und zu lesen. Als diese Zeiten vorbei waren, setzte der *Eulenspiegel* die Kino-Kritik fort, als wäre nichts geschehen. Das hätte er lieber nicht tun sollen. Die spitze Feder geht ins Kino und schreibt einen Schüleraufsatz darüber, wie sie den Film verstanden hat. Sie geißelt das Niveau der *Werner*-Filme als ganz weit unten, zichtigt Hollywood des Mainstreem und würde es auch fertigbringen, über Otto zu schreiben: Unsere Menschen sind nicht so.

Vier Seiten mit Beiträgen, die von Lesern eingeschickt wurden, machen jede Nummer zusätzlich unerträglich. Die Herausgeber glauben, damit die Leser-Blatt-Bindung zu festigen. Als ob sich neunzigtausend Leser freuen würden: «He, da sind ja wir!»

Die Heftmacher sind in der bedauernswerten Lage, selbst nicht bescheid zu wissen, wie ihr Job zu tun ist, und darauf angewiesen, was man ihnen sagt. Auf Verlangen einiger Leserbriefschreiber wurde die Abschaffung der unsäglichen Doppelseite «Neues Deutschland» wieder rückgängig gemacht, die davon handelt, was in den westlichen Bezirken los wäre, wenn die DDR die Wiedervereinigung gewonnen hätte. Nach der zweiten Ausgabe war es schon zu viel. Angeblich hätten auch Wessis sich angetan geäußert und darüber gesagt: «Aha, na da können wir mal sehen, was mit uns geschehen wäre.» Was Wessis eben so sagen, wenn sie mit etwas nichts anfangen können.

Ein Ziel wird der *Eulenspiegel* immer erreichen: nicht so sein wie *Titanic*. Denn die meisten Beiträge sind solche, die vorher bei *Titanic* abgelehnt wurden.

Vielleicht wird es dereinst heißen: Der *Eulenspiegel* war eigentlich eine gute Idee, er wurde nur von den falschen Leuten verwirklicht.

OST-PROMINENZ

Für alle Leser, die das Buch jetzt erst an dieser Stelle aufge-
schlagen haben, sei noch einmal darauf hingewiesen, dass
jeder Ossi alle anderen repräsentiert und für alle anderen
Ossis verantwortlich gemacht wird. Prominente Ossis sind
daher in besonderer Weise dazu da, das Bild jedes Einzelnen
vorab zu prägen, und das sogar, wenn sie sich untereinander
stark unterscheiden. Immer ist der Promi einer von euch oder
einer von uns. Er handelt und spricht im Namen des gesamten ehemaligen Volkes. Damit ist jeder einzelne Ossi haftbar
zu machen für alles, womit seine Vertreter in den Medien
sind.

GRUND 76: ACHIM MENTZEL

Sein Wirken ist die Fortsetzung des Politbüros: Das Hirn setzt
schon aus, aber um jeden Preis wird weitergemacht. Er ist die
Stimmungskanone, die der MDR auf Spatzen abfeuert. Bis auf
einen zweiten Gesichtsausdruck macht er alles, was verlangt
wird, ohne zu fragen, warum, wobei die hervorstehenden
Schneidezähne das geringste Übel sind.

Nach einer Flucht in den Westen floh er reumütig zurück
und schaffte es als einziger, nach der Wiedervereinigung für
sich den Osten zu erhalten. *Achims Hitparade* überlebte unver-
sehrt die Wirren der Einheit, überbietet sie sogar mühelos. Dass
er im Westen völlig unbekannt ist, macht ihn bei den Ossis
umso beliebter, denn er blamiert sie nur vor ihnen und nicht
nach außen.

Ins erste Programm zu wechseln, lehnte er instinktiv ab.
Lieber wollte er die Nummer eins im Dritten sein als letzter in
der ARD. Das verdeutlicht die Relationen.

Er sorgt für gute Laune oder was dafür gehalten wird. Die

Wahl der Mittel wirft die Frage auf, ob nicht trübsinnige Ossis vorzuziehen sind.

GRUND 77: WOLFGANG LIPPERT

Wenn der beliebte Entertainer durch die Straßen geht, dauert es nicht lang, bis er erkannt wird, sogar als Wolfgang Lippert, und gefragt wird: «Wann machen Sie denn wieder Show?» Vorsorglich lässt der Fragende sich ein Autogramm aushändigen, denn man weiß ja nie, ob man es nicht irgendwann einmal gebrauchen kann.

Im DDR-Fernsehen galt er als Zonengottschalk, was die Ärmlichkeit des Moderationswesens unterstreicht. Die Kindersendung *He, du* war der Start seiner TV-Laufbahn, wovon er heute noch zehrt. Die Kinder mochten ihn wohl, weil er auch nicht still sitzen konnte. In der Folgezeit wurde er zunehmend unterdrückt. Vermutlich wurden seine ausufernden Bewegungen als Freiheitsdrang ausgelegt.

Vertretungsweise ließ das ZDF ihn *Wetten, dass...* moderieren, damit er so richtig reinrasselte. Mit der Nachfolge im *Großen Preis* scheiterte er stellvertretend für alle Ossis, die daraus lernten, von großen Preisen lieber die Finger zu lassen.

Für die Kandidaten war er nicht nur Moderator, sie erlebten in ihm einen Kandidatophagen, der sie umklammerte und zu infiltrieren drohte. Er fühlte sich dazu legitimiert durch seinen vertrauensbildenden Kosenamen, Lippi. Doch wer will ihn kosen?

Als einziges sei ihm zugute zu halten, dass er es nie mit einer Talk-Show versucht hat. Mag sein, es ist nicht ihm, sondern einem einfühlsamen Programmplaner zugute zu halten, der es nicht fertigbrachte, den Kandidaten das anzutun.

Eine Lippert-Show – was soll das sein? Man möchte es lieber

nicht erfahren. Die Frage: «Wann machen Sie denn wieder eine Show?», ist eine bange Frage.

GRUND 78: PUHDYS

Wenn ein Mensch lange Zeit lebt, sagt die Welt, es ist Zeit. Dasselbe sagt die Welt über solche, die zu lange singen.

Mit ihrer Musik drücken sie das vorherrschende Lebensgefühl aus. Das Rentenüberleitungsgesetz hat die Rockerrente übergangen, so dass sie die Lage der Rentner zeigen, denen es unmöglich gemacht wird, in Würde zu altern. Doch es kann nicht der Sinn der Wehrpflicht sein, Zivildienstleistende zur Unterstützung der Puhdys einzusetzen.

Die Fans bejubeln sie dafür, dass sie das gleiche weitermachen wie früher, denn wer kann das schon. Die Stabilität der DDR-Künstler ist beispiellos. Wem einmal eine Stilrichtung zugewiesen worden war, durfte sie fortführen bis in alle Ewigkeit. Genaugenommen bestand gar keine andere Wahl, weil ein Stilrichtungswechsel neu beantragt und von der zentralen Planungsbehörde genehmigt werden musste. Für die Puhdys war von Anfang an die Stelle der Zonen-Stones und des fünffachen Joe Cockers vorgesehen, und zwar in der Seniorenversion. Denn die Puhdys waren niemals jung. Ihr Hit «Schon immer alt» erscheint demnächst und ist an jeder Minol-Tankstelle erhältlich.

GRUND 79: WOLFGANG THIERSE

Dieser Ausnahmeossi ist kein Pfarrer, aber trotzdem Politiker. In der Riege ehemaliger SPD-Vorsitzender bleibt er unerwähnt, denn er war ja nur Vorsitzender der Ost-SPD, bis die in die richtige SPD eintrat, die schon ohne ihn genug Ex-Chefs hat.

Als Bundestagspräsident übt er ein Amt ohne Einfluss aus, wenn er nicht gerade Spendenstrafbescheide ohne Ermessensspielraum ausarbeitet. In zehn Jahren politischer Rücksichtnahmen ist aus dem scharf- und feinsinnigen Germanisten ein stromlinienförmig schwatzender Parteimann geworden. Er ist ein Repräsentant, aber wovon? Allenfalls davon, wie man sich im Westen die Ossis vorstellt.

Die Rudimente des Bürgerrechtsbartes sind zum Staatsbart verkommen. Mittlerweile sieht er aus wie Karl-Eduard von Schnitzler, bald bleibt nur ein Techno-Büschel, das zeitgeistmäßig aus seinem Kinn ragt.

GRUND 80: ANGELA MERKEL

Sie war acht Jahre lang Kohls Mädchen. Sex-Phantasien sind nicht abwegig angesichts von Hannelore und Juliane Weber. Während der Spendenaffäre sorgte sie in der CDU für Optimismus. Kaum zu glauben, dass es so schlimm war.

Sie trägt die Doppelbelastung Frau und Ossi, aber bringt es zu was, wenn man den CDU-Vorsitz dazu zählt, ohne sich um ihre Benachteiligung zu scheren. Sie ist daher keine Quotenfrau, was die SPD erregt, die nur mit Quotenfrauen aufwartet.

Während ihrer Wanderung durch die Institutionen wandte sie die aus Zonenzeiten vertraute Strategie an, dem Großen Vorsitzenden gegenüber nicht aufzumucken und sich zugleich insgeheim die eigenen Gedanken zu machen. Dieser zweite Teil war es, was ihre westlichen Parteikollegen nicht beherrschten. Die Krise der Partei überstand sie als einzige unbelastete Führungskraft. Welch eine Ironie. Zuletzt hatten 1990 die Ossis die CDU gerettet, aber ohne dafür Posten abzukriegen. Plötzlich war die Biographie von Vorteil. Manfred Kanther trat zurück mit der Erklärung, mit seinen Verstößen gegen *law* und *order* habe er niemandem geschadet. Jubel bei den Ossis: Dass wir das noch erleben dürfen!

Als Ossi ist Angela Merkel zusammenbruchserfahren. Das Amt der Vorsitzenden übt sie zur Zufriedenheit aus; so sehr ist die CDU am Boden. Allerdings befördert sie nicht das Vertrauen in die Kompetenz der Ossis. Sie ist der Beweis, dass auf Ossis nur in der allergrößten Not existenzieller Bedrohung zurückzugreifen ist.

GRUND 81: INGO DUBINSKI

Noch ein Zonengottschalk. Soweit ersichtlich, der letzte nach Lippert. Ingo Dubinski entstand bei einer Jugendsendung und wurde als Korrespondent nach Bonn abgeschoben. Danach war klar: der macht alles. Das würde Lippert auch, und das macht Mentzel auch. Ost-Moderatoren müssen zu den Castings gehen mit einem Schild: Nehme jede Arbeit an.

Dubinski geht auf Reisen, erfüllt Wünsche, hilft, und das alles zugleich. An einem Tag bereist er vier Länder, um acht Sendungen aufzuzeichnen, dazwischen moderiert er die ARD Wunschbox. Ganz prominent ist er dennoch nicht. Aber der Wunschkandidat aller Schwiegertöchter für ihre Schwiegermutter. Vermutlich wird seinetwegen weniger geheiratet.

Er bewegt sich beim Moderieren weniger als Lippert, dafür schafft er mehr Sendungen. Den Verdrängungswettbewerb hat er gewonnen. Während Lippert noch im ZDF herumfuchtelte, blieb er im Heimatfernsehen, wo für Lippert nichts zu holen ist; die Zone hat keinen Platz für zwei Zonengottschalks.

GRUND 82: SPEE-FUCHS

So leben also moderne Single-Frauen. Wenn sich genügend Wäsche angesammelt hat, kommt ihr schlauer Mitbewohner mit Reimen für die Reinheit. Das Ostwaschmittel Spee wird von Wessis kaum gekauft, weil sie Produkte aus den Alten Bundesländern vorziehen oder weil sie glauben, ein Ostwaschmittel wüsche nur grau, grauer geht's nicht. Deswegen kommt die rote Mini-Ausgabe des Weißen Riesen hinzu und verdeutlicht die schlaue Art zu waschen. Die ist, wenn Groschen in die Hand fallen. Saubere Wäsche versprechen auch andere Werbeslogans. Mit dem Spee-Fuchs wäre es Reim. Mit ihm können die Ossis die westliche Werbung nachholen, ohne sie einzuholen.

Er führt die humanistische Tradition der Klassiker fort, ganz im Stile des Sozialistischen Realismus. Ihn gab es früher nicht, daher hat er keine Vergangenheit und muss sich nicht den Kopf zerbrechen, ob er nicht viel früher Gedichte wider die Unterdrückung hätte abfeuern sollen.

Die meisten Zuschauer wissen nicht, dass er ein Ossi ist. Er vertritt die neue Generation, die alle Fähigkeiten nutzt und erfolgreich in der Werbebranche arbeitet. Er weiß es selbst wohl auch nicht, deswegen ist er so erfolgreich. Darin erschöpft sich auch schon das Beispiel, das sich junge Menschen an ihm nehmen können.

GRUND 83: MARKUS WOLF

Der Chef der Spionage, der Gegenspionage, der Gegenspionageabwehr und der Antigegenspionageabwehraufklärung stellt in seinen Büchern seine Bemühungen um eine demokratische Erneuerung des Landes dar, die durch die Wende ein abruptes Ende fanden. Von Anfang an wollte er ins literarische

Fach, fand jedoch niemanden, dessen Abenteuer er beschreiben konnte, weswegen er diese Arbeit selbst erledigen musste. Ein vernünftiger Beruf schadet dem Schriftstellerleben nicht, daher passte das mit der Spionage ganz gut. Die andere Variante wäre der Bitterfelder Weg gewesen, was er weniger inspirierend fand. Der folgende Buchauszug ist eine Vorabveröffentlichung seines demnächst erscheinenden Buches *Spionagechef in eigener Troika* und behandelt einen typischen Arbeitstag Wolfs in den frühen Achtziger Jahren:

«Die erste Schwierigkeit am Morgen besteht schon darin, ins Büro zu gelangen. Da von mir kein Foto existiert, werde ich an der Pforte nie hereingelassen und betrete das Objekt durch den Gully. Mein Büro ist so geheim, dass ich mich als Putzfrau verkleide, um es unauffällig durch die als Putzmittelregal getarnte Tür zu betreten. Reine Vorsichtsmaßnahme – man weiß nie, ob nicht jemand von der anderen Seite unter diesen Leuten ist, die die Wäschekörbe über die Flure schieben. Meine Sekretärin kann ganz normal durch das Vorzimmer kommen, wo sie ihre Liftboy-Verkleidung ablegt.

Die Motivation für meinen Job bekomme ich bei der Frühstückslektüre der Zeitungen. Es ist offensichtlich: wir brauchen mehr Informationen. Der Tagesbefehl an die Kundschafter lautet daher wieder: Kundschaftet!

Es gibt Engpässe beim Kundschaften. Günter Guillaume ist noch im Gefängnis, und Juliane Weber hat noch keinen wichtigen Posten. Der Kaffee ist auch wieder schlechter geworden, ich hege den Verdacht, meine Sekretärin trinkt den ersten Aufguss selbst. Wir verfügen nur über wenig Devisen für die Kaffeebeschaffung, und die erhalten wir auch nur, weil wir vorgeben, das Verfahren für löslichen Kaffee auszukundschaften. Die Mitarbeiter bekommen den Kaffee als Prämien, in Form von beschlagnahmten Westpaketen. Den Würfelzucker, der sich nicht auflöst, finde ich eine großartige Entwicklung unseres Labors, was sich noch als schlagkräftige

Waffe erweisen wird. Ich falle auch immer wieder darauf herein.

Ich unterweise eine Gruppe Kundschafter, die mit Franz-Josef Strauß geschäftliche Kontakte aufgenommen haben. Sie trainieren Biertinken, um mithalten zu können. Strauß ist der einzige Westbesuch, der wirklich wegen seiner Geschichten willkommen ist.

Auf dem Hof besichtige ich die neue Konstruktion, die ich in Auftrag gegeben habe, in Anlehnung an einen Lehrfilm aus der Reihe 007. Es ist ein Trabant, der mit einem Geschosswerfer und Zieleinrichtung ausgerüstet ist. Die Ausführung lässt zu wünschen übrig; man kann die Kanone nicht vom Lenkrad aus abfeuern, sondern muss erst aussteigen, um sie aus dem Kofferraum zu holen. Als ich meine Vorstellungen skizzieren will, gibt mein Kugelschreiber nur gedämpfte Schüsse ab und zerfetzt den Schreibblock.

Nach einem Gespräch mit sowjetischen Wissenschaftlern können wir unsere Technik modernisieren. Die russischen Abhörwanzen bereiteten wiederholt Schwierigkeiten. Sie haben die Größe einer Waschmaschine, weswegen sie vorzugsweise als Waschmaschine getarnt wurden. Außerdem sind sie auch genauso laut. Das Problem war weniger die Größe als das Gewicht, weil sie von mindestens acht Leuten transportiert werden mussten. Sie waren aber schon besser als die ausrangierten Satelliten. Jetzt haben die Jugendbrigaden der Stahlwerke *Gebrüder Karamasow* die neuen Abhörgeräte von der Größe einer Taschenlampe entwickelt. Unglaublich, was die Russen für große Taschenlampen haben.

In der Kantine esse ich zu Mittag. Die Mahlzeiten sind verschlüsselt, das heißt, man sagt eine Nummer und muss sich vom Gericht überraschen lassen. Ein Prinzip, das unsere chinesischen Genossen entwickelt haben.

Am Nachmittag treffe ich DDR-Devisenbeschaffer Herbert Wehner. Meine Pläne zur demokratischen Reform der

Republik finden bei ihm keinen Zuspruch, von Wiedervereinigung will er nichts hören, weil das seiner Meinung nach das Ende der DDR bedeuten würde. Er meint, wir brauchen mehr politische Gefangene, um sie gegen Westgeld freikaufen zu lassen. Meine rechtsstaatlichen Bedenken lässt er nicht gelten. Wir verbleiben dabei, dass er weiterhin Abgeordnete aus der Fraktion für uns anwirbt oder notfalls abkommandiert.

Ich schlage später dem Politbüro vor, dass auch unser Ministerium einen Zweig für Konsumgüterproduktion eröffnet. Man hält das für nebensächlich. Ich orientiere mich in der Folgezeit eigenständig auf diese Zwecke und lasse den Megabit-Chip erkundschaften, was zur Entwicklung der elektrischen Brotschneidemaschine führt sowie der elektrischen Wurstschneidemaschine, beide auf Weltniveau. Ferner überzeuge ich den sowjetischen Funktionär für Landwirtschaft, Gorbatschow, lieber das Verfahren für die Herstellung von Popcorn auszuspionieren, als immer wieder auf riesigen Feldern amerikanisches Popcorn auszusäen.

Wie ich bereits in meinen früheren Büchern ausführte, wusste ich nicht, dass die Staatssicherheit auch die DDR überwachte. Das erfuhr ich erst aus meiner Opfer-Akte. Ich war ohnehin für eine bessere Öffentlichkeitsarbeit des Ministeriums, dann hätte ich als Autor einen hohen Bekanntheitsgrad gehabt. Dabei kam mir die Idee, eine gute Werbeveranstaltung wäre die Rede auf einer Demonstration am Alexanderplatz.»

GRUND 84: SCHALCK-GOLODKOWSKI

Der DDR-Devisenbeschaffer macht das weiter, was er gelernt hat, und beschafft Devisen. Jetzt vorrangig für sich. Er hat ein Buch geschrieben und tingelt durch Talkshows, deren Redaktionen in den Konferenzen überlegen: «Können wir denn nicht mal so einen von diesen ehemaligen DDR-Devisenbeschaffern einladen, diese Leute haben doch bestimmt was zu erzählen, so etwas gibt es doch heute gar nicht mehr, das wird bestimmt ganz lustig.» Dann lassen sie den Praktikanten in den Gelben Seiten nachschlagen, wen es da so gibt, doch der verzweifelt beim Suchen und bekommt den Tipp, sich doch lieber in einer anderen Branche zu versuchen. Dann kommt jemand aus dem Team darauf: «Da hat uns doch dieser eine Verlag letztens diesen Schalck-Golodkowski mit seinem neuen Buch angeboten, den, für den es den Untersuchungsausschuss gab.»

«Ach nein», unterbricht der Redaktionsleiter, «nicht schon wieder Spendenaffäre, das ist gegessen.»

«Ja genau», pflichtet seine Assistentin bei, «aber das ist der andere, der Koko von der Kommerziellen Koordinierung.»

Und sogleich wird die Einladung rausgeschickt, und der Verlag, der Jürgen Fuchs für nicht mehr verlegbar hält, freut sich über seinen Autor von Bedeutung.

In der Sendung ist auffälligerweise nicht zu sehen, wie Schalck-Golodkowski hereinkommt und neben dem Moderator Platz nimmt. Das liegt daran, dass er nicht wie andere Gäste das Studio betritt, zum Gästesessel geht und sich hinsetzt, sondern er vollzieht einen Wechsel des Aggregatzustandes. Er fließt als zähe Masse hin zum Sessel und klumpt sich darin zusammen.

Der Moderator fühlt sich geschmeichelt vom Besuch eines erfolgreichen Writschaftskapitäns a. D., der ein paar Anekdoten zu erzählen weiß, etwa, wie Walter Ulbricht, als er schon abgesägt worden war, keine Weintrauben bekam und direkt beim Koko-Chef anrief, der ihm welche verschaffte. Damit war das Versorgungsproblem wieder um einen Schritt der Lösung nähergebracht, und ein unzufriedener Rentner weniger musste in den Westen abhauen.

Oder er erwähnt die in seinem Buch beschriebene Schwäche seiner Frau für Schuhe oder seine Vorliebe für Meißner Porzellan-Teeservice. Dass die also in kundige Hände gefallen sind, wird die vorherigen Besitzer freuen zu hören.

Weil er früher einen hohen Posten innehatte und mit wichtigen West-Leuten aus Politik und Wirtschaft zusammentraf, die sich und ihn für wichtig hielten, hielt er sich für wichtig. Er war in der Plan-Zone der freie Marktwirtschaftler, das wurde von den Westkollegen geachtet. Aber er hat seinen Posten nicht unter marktwirtschaftlichen Bedingungen erlangt, sondern weil die DDR-Führungskräfte sich keinesfalls von seiner Intelligenz bedroht fühlen mussten.

Mysteriös indes ist, wie er sein Buch geschrieben hat. Seine Finger können unmöglich eine Schreibmaschine bedient haben. Womöglich hat er zwei Bleisteifte in die Fäuste genommen und nach Suchsystem getippt – dann hat er gleich nach der Wende damit angefangen. Er kann es eigentlich nur diktiert haben, oder er hat sich noch zu DDR-Zeiten einen Computer mit großen Tasten zugelegt.

GRUND 85: GREGOR GYSI

Die PDS ist ohne Gregor Gysi schwer vorstellbar. Doch an Utopien hat es der Partei noch nie gemangelt. Die Basis freut sich auf die Befreiung von der dominanten Last.

Angeblich erhielt er Übertrittsangebote von der SPD. Das scheint logisch, kommt aber zehn Jahre zu spät. Damals wollte man nichts zu tun haben mit Leuten, die mit Parteibuch kontaminiert gewesen waren. Eine dümmere Partei ist nicht vorstellbar. Gut, abgesehen von jener, der sie in die Arme getrieben wurden und die sich jetzt von der dominanten Last befreit sehen will.

Auch Gysi ist kein typischer Ossi, abgesehen von Glatze, Korpulenz und Stasi-Vorwürfen, aber er ist geistig noch voll da. Er hat verstanden: das Politgeschäft ist Show. Das verlangt der Wähler, und das war in der DDR ebenfalls so, nur mit Zwangsvorstellungen.

Von ihm hat Stoiber abgeguckt, wie man sich als Vertreter der kleinen Leute inszeniert. Gysi ist dabei im Vorteil, denn er weiß, wovon er redet, auch wenn er sich zugleich als Besserverdiener ausgibt.

Was macht er nach seinem Ausscheiden aus dem Bundestag? Gerüchte kamen auf von einer Parteigründung zusammen mit Lafontaine. Doch warum sollte er sich den ans Bein binden? Vorerst will er Mitglied der PDS bleiben, zumindest bis er von der neuen Führung ausgeschlossen wird. Dann übernimmt Sarah Wagenknecht, die nur die kommunistische Plattform im Kopf hat, und Gysi ist wieder Spezialist für die Vertretung von Regimekritikern. Cleverer Plan.

GRUND 86: GUNTHER EMMERLICH

Als er zur ersten gesamtdeutschen Unterhaltungssendung von Frank Elstner als Gunther Emmerling angekündigt wurde, ließ er die Gelegenheit zur Namensänderung ungenutzt verstreichen. Seitdem muss er immer seinen Namen korrigieren.

Wie alle zweitklassigen Opernstars fühlte er sich zu Höherem berufen, als an der Oper ein unbeachtetes Dasein zu fristen. Er gibt sich wie ein Orson Wells ohne Begabung, seitdem er ins DDR-Fernsehen durfte mit *Showkolade*. Die Bevölkerung lauschte seiner Interpretation von Westhits, wobei es weniger auf seine Interpretation ankam. Das gab es sonst ja nicht. Wem zugehört wird, der weiß etwas. Ich singe, also denke ich. Klassiker des Blues, Jazz und Rock zog er mit seiner tiefen Stimme zu sich herab und fand den Untertitel der Sendung *Gunther und drüber* so grandios, dass er meinte, daraus eine Show fürs ZDF machen zu müssen. Mit Drunter Emmerlich?

Das ZDF hat sich von den Pleiten schneller erholt als das

Ostbild, das zu repräsentieren sich Gunther Emmerlich nicht nehmen lässt. Von wem auch.

AUFBAU OST

«Der Aufbau in Ostdeutschland ist Chefsache», warb der angehende Kanzler in Ostdeutschland. Worin genau liegt da die Botschaft? Er möchte damit sagen: Ich bin der Chef.

Und der Aufbau findet statt, wenn der Chef es anordnet, und der hat Wichtigeres zu tun, sonst wäre er kein Chef. Er will auch Chef bleiben.

Von dem Vorgänger fühlten sich die Ossis hintergangen. Er wollte Deutschlands Einheit, er bekam sie. Dafür machten sie ihn noch mal acht Jahre zum Kanzler, was für die Wessis schon 16 Jahre bedeutete. An die wurde wieder nicht gedacht. Nur an die blühenden Landschaften, die wie versprochen jeden Frühling ausbrachen. Der Aufschwung indes blieb aus. Wie soll das auch ein Bundeskanzler bewirken? Natürlich mit einem Machtwort. Sonst werden die Ossis echt böse. Alles muss 'raus – ach nein, das war der Schlussverkauf; alles für das Wohl des Volkes, so muss das heißen, und wer das ist, daran brauchen wir wohl nicht zu erinnern.

GRUND 87: TREUHAND

Die Treuhandanstalt wurde eingesetzt zur Rettung des Volksvermögens. Nun ja. War nicht viel, schon klar. Aber das bisschen hätte wenigstens vor der Treuhand gerettet werden können.

Staatsunternehmen bewirtschaften den Staat. Die Lage lockte einen Abschaum an Humanoiden an, die sich selbst sanierten. Verbürgt ist eine leider viel zu selten praktizierte Methode, einen Treuhandmanager unter Druck zu setzen allein durch das Wissen, woher er kommt.

Betriebe waren plötzlich hoch verschuldet. Hauptsache, die Konten waren 1:1 bis 1:2 umgetauscht, das war wichtiger. Auch bei anderer Bewertung wären niemals die Treuhand-Gehälter wieder 'reingekommen. Dass der VEB nichts wert war, überraschte nicht. Über die Idee: «Und wenn wir arbeiten?», hätten Banken nur gelacht. Blieb nur die subventionierte Westübernahme mit anschließender Stilllegung.

Die Geschichte nahm Rache: Treuhandchefin Breuel wurde Expo-Leiterin. Ohne Besucher ist die Weltausstellung ruiniert und kann für DM 1,- verkauft werden.

GRUND 88: AMT FÜR OFFENE VERMÖGENSFRAGEN

Entsprechend der ursprünglichen Planung wären diese Behörden wegen Erfüllung ihrer Aufgabe bereits aufgelöst. Das war die Vorstellung bei ihrer Einrichtung in einer Zeit, als Zonenämter geschlossen, neu gegründet und umgewickelt wurden. Doch ihr Charakter als bundesrepublikanische Einrichtungen wurde damals verkannt. Solche lösen sich nicht auf. Jede Entscheidung eines Falles sägt am eigenen Ast, das war den West-Beamten sofort klar. Lieber lassen sie sich von empörten Westanwälten als rote Altlasten beschimpfen, als dass sie die Bearbeitung beschleunigen. Erfindungsreichtum ist gefragt, wenn es darum geht, einen Wechsel der Rechtsauffassung heraufzubeschwören, nur um die Fälle erneut bearbeiten zu dürfen. Der Aufschwung ist nirgends so deutlich wie in diesem Amt.

GRUND 89: BAUGEWERBE

Bauaufträge der öffentlichen Hand müssen ausgeschrieben werden, die Entscheidung fällt je nachdem, wer am meisten bietet. Wenn sich die Dezernenten nicht entscheiden oder nicht genug kriegen können, dürfen die einen die Straße bauen und die anderen wieder aufreißen. Wer die Straße wieder herrichtet, können die unter sich ausmachen. Weil Bauen teuer ist, gibt es da das meiste zu holen. Städte werden umgebaut, obwohl eine Verlegung billiger wäre, Straßen werden untertunnelt, damit die Erhaltung schön aufwendig bleibt, Ampeln mit einer Umgehungsstraße aufgerüstet. Wäre doch schade um die schönen Zuschüsse.

Ein Glück für die Baubranche ist die Belastung zahlreicher Gebäude mit Asbest. Asbest ist die Stasi unter den Baustoffen. Die Häuser oder Teile werden abgerissen, damit es seine Wirkung entfalten kann. Die neuen Bauten enthalten sämtliche Substanzen, die erst in den nächsten Jahren als schädlich eingestuft werden, um eine neue Sanierung in Angriff zu nehmen.

GRUND 90: MARKTSTÄNDE

Die ersten Konfrontationen mit der freien Marktwirtschaft fanden jeden Donnerstag statt, als Ramsch und Reste zu Qualitätspreisen den Platz beherrschten. Daneben machte der *Ankaufe alte Möbeln* vertrauenserweckend blöd.

Reklamationen waren unmöglich, denn der Verkäufer war am nächsten Markttag schon woanders oder als jemand anderes verkleidet. Dass man Preise vergleichen kann und soll, hatte man verstanden, aber die Waren vergleichen, davon hatte niemand etwas gesagt.

Drückerkolonnen boten verstärkten Service und kamen bis nach Hause. Die Ossis unterschrieben die Belehrung vom Rücktrittsrecht innerhalb der Frist von sieben Tagen und dachten, in einer Woche kommt nochmal jemand und fragt nach.

Die Evolution versorgte die Marktstände mit Gehäusen und ließ sie wiederum zu Einkaufspassagen konglomerieren, als hätte jemand ausgerufen: Wir brauchen eine neue Supermarktkultur! Eins muss man jedoch den Konsums lassen; es mag nicht alles gegeben haben, aber nie wurden die Waren schreiend oder durch Lautsprecherdurchsagen feilgeboten, und niemals hat ein Einkaufswagen eine Mark verlangt.

GRUND 91: ARBEITSFORMEN

Die Scheinselbständigkeit ist die Zukunft des Jobbens. Ein abhängiges Arbeitsverhältnis ohne alles, nur Arbeit und kein Vergnügen, das sichert zwar nicht die eigene Rente, finanziert aber auch nicht die aktuellen Senioren.

Eine ABM-Maßnahme ist die Maßnahme zur Schaffung von ABM-Stellen. Im Unterschied zur Beschäftigungstherapie verbessert sie die Arbeitslosenstatistik, was dringend notwendig ist in einem Land, das sich Wahlen leistet. Das kommt davon, dass man die Möglichkeit übersehen hat, einen arbeitssuchenden Ossi nur als halben Arbeitslosen zu registrieren.

Fraglich bleibt, ob die Ossis den Entwicklungsschritt zu intelligenten Robotern vollziehen können. Bisher haben die Computerprogramme einen entscheidenden Nachteil: sie brauchen immer einen Menschen, den sie bedienen. Menschliches Versagen ist daher die häufigste Ursache des Absturzes von Betriebsprogrammen, Spielen und Soap-Drehbüchern. Gesetzliche Beschränkungen behindern eine Verbesserung des allgemeinen Gen-Bestandes. Nicht zu unterschätzen sind aber die Perspektiven für eine doch noch erreichbare innere Einheit.

ZUSÄTZLICHE ÄRGERNISSE UND BESCHWERLICHKEITEN

Mehrere innere und äußere Umstände erschweren es den Ossis zusätzlich, Ossis zu sein.

GRUND 92: GUTGLÄUBIGKEIT

Wenn ein gedruckter Brief der Lottogesellschaft eintrifft und vom Gewinn kündet, dann glauben es die Ossis, denn Fälschungen haben mit der Hand oder Maschine geschrieben zu sein! Wer möchte das nicht glauben: Sie haben gewonnen! Endlich hat die Vorsehung den Richtigen auserwählt. Endlich ein gerechter Ausgleich für all die erlittene Schmach, für die vierzig Brücken und dunklen Jahre. Oder die zehn danach, je nach Sichtweise, aber gerecht ist es in jedem Fall.

Wer den Schwindel durchschaut, ist empört wegen der falschen Zeitform. Es müsste heißen: Sie würden gewinnen. Was heute alles erlaubt ist! Und der Staat tut nichts. Das stimmt, ein Straftatbestand wäre nur Anlagebetrug, aber Lotto ist keine Anlage, sondern das Gegenteil.

Aus diesen Zusendungen, die mitunter mehrmals täglich eintreffen, sollten die Ossis die Lehre ziehen, wofür sie gehalten werden, und zwar zu Recht, denn es funktioniert.

GRUND 93: GEWERBEGEBIETE

Für die Gewerbegebiete vor den Toren des Dorfes wurden blühende Landschaften zugepflastert. Jeder Bürgermeister-kandidat versprach, unbürokratisch Investitionshemmnisse zu beseitigen für die Schaffung neuer Arbeitsplätze. Die Arbeitsplätze entstanden tatsächlich, aber nur solange gebaut wurde. Die Neulinge in der Volkswirtschaft wussten nicht, dass man für Gewerbegebiete auch Gewerbe braucht. Die Arbeit sollen die Arbeitgeber geben, aber wo bleiben sie? Beleuchtete Schafweiden stehen bereit, nur eben jetzt ohne Schafe.

GRUND 94: BAUCH

Wenn Ossis nicht in gebückter Haltung gehen, dann hat das einen Grund: ihr Bauch würde sie nach vorn kippen lassen. Die Vermehrung des Leibesumfangs war früher die einzige Methode, Freiraum zu erobern. Dieser Vorteil entfällt, doch der Bauch geht nicht zurück, er wird sogar immer mehr.

Er ist die materialisierte Flucht nach vorn. Ihn tragen Ossis vor sich her als Ankündigung ihres Erscheinens. Einen Untergang, wie er immer passieren kann, fürchten sie nicht; der Bauch würde oben schwimmen und als Rettungsinsel dienen. Im Wasser sieht man von einem Ossi nur acht Neuntel herausragen.

Bauch ist zu wenig gesagt. Ein Bauch besteht aus Bäuchen. Oberbauch, Mittelbauch, Unterbauch. Dazu die Zwischenbäuche. Ein Wanderbauch greift um sich bis auf den Rücken. Bedeckt wird all das von dem Überbauch. Der ist das, was beim Laufen ins Gesicht schlägt.

Eine wichtige Funktion übt er für den Träger aus: er versperrt ihm die Sicht auf die Sandalen mit den weißen Socken.

GRUND 95: PLATTENBAUTEN

In den ehemaligen Neubauten zu wohnen, war ein Privileg. Als Auszeichnung für gute Führung und Fortpflanzung sowie mit weiteren unklaren Bedingungen erfolgte die Zuweisung in die vier Platten. Die Häuser wurden nach dem Baukastensystem gebaut, weswegen immer wieder der gleiche Wohnblock zum Blockwohnen entstand, so sehr sich die Stadtteile auch um Abwechselung bemühten, was sie auch nicht taten.

Heute bergen die Viertel Sprengstoff, der aber nur metaphorisch existiert und daher nicht zur Verschönerung der Gegend beitragen kann. Die soziale Entmischung begann, als die Manager der Wohnungsgesellschaft woanders hin gezogen sind, weil sie den Anblick nicht mehr ertragen konnten. Anders als bei anderen scheußlichen Gebäuden kann man sich ihrem Anblick nicht entziehen, indem man darin wohnt, denn man hat das gleiche Haus vor dem Fenster.

Diese Bauweise muss als oft zitierte Ursache für Skinheads herhalten. Ob ein ursächlicher Zusammenhang aus der äußeren Ähnlichkeit abgeleitet werden kann, ist zweifelhaft. Nach «Mauer im Kopf» fällt den Artikelschreibern demnächst «Plattenbauwiese im Kopf» ein. Wer zuerst drauf kommt, hat gewonnen.

GRUND 96: ALKOHOL

Ein Volk ohne Drogenerfahrung muss nach Alkohol greifen. Die Wahl des Getränkes ist nachrangig, Hauptsache, es dreht. Das hatte der Arbeiter- und Bauernstaat so angeordnet. In den Kaufhallen gab es immer genug Hochprozentiges, mit dem der Untertan sich den Kummer über die Versorgungslage herunterspülen konnte.

Beim Herunterspülen ist es geblieben. Von was? Das ist schon vergessen. Vielleicht, um das Vergessen zu ignorieren. Der Alkohol verstärkt die Stimmung, dabei wollte man fröhlich sein.

Der Griff nach dem Bier beim Fernsehen ist die einzige Bewegung, auf die Toilette gehen fast schon Sport. Die

Werbung suggeriert, durch den Genuss des Bieres würde man Freunde gewinnen. Das trifft nicht zu. Das Bier ist der Freund.

GRUND 97: KRAUSE

Er hat erstaunlich schnell gelernt, wo es langgeht, wie der Hase läuft und was jetzt Phase ist. Und zwar abfassen, was nur geht und wo es nur geht. Jedoch nicht nach Altossimanier und lediglich mitnehmen, was es gibt – jetzt kommt es darauf an, selbst die Initiative zu ergreifen und herauszufinden, was geht und wo. Doch das allein reicht nicht. Die Kunst, die von Können kommt und vom nichtskönnenden Durchschnitt mit seinem selbstverschuldeten Unvermögen unterscheidet, besteht darin, auch da, wo es nicht geht, trotzdem mitzunehmen, was eigentlich nicht mitzunehmen wäre.

Prominent ist Krause nicht direkt, aber bekannt für seine Unprominenz. Die herrschende Vorstellung von niemals genug kriegenden Ossis geht hauptsächlich auf ihn zurück. Seine Pleiten rührten daher, dass er irgendwann alles abgefasst hatte, aber nicht aufhören konnte und fortfuhr, indem er sich selbst ausplünderte.

GRUND 98: NBI

Diese traditionsreiche Illustrierte aus dem Kaiserreich überlebte die nachfolgende Republik, das anschließende Reich sowie die DDR und wurde im vereinten Deutschland von einem Verlag übernommen und eingestellt, weil er sich eine Auflagensteigerung des *Stern* versprach. Irrtum und Fehler wurden nachträglich eingeräumt. Doch damit nicht genug an Leid und Plage. Im 98er Bundestagswahlkampf grub Peter Hintze den Titel aus für ein ostzonales Wahlkampfheft namens

«Neue Bundesländer Illustrierte». In originalgetreuem Layout der Vorwendezeit stellte er die denkbar beklopppteste Zeitung her, um die Ossis 'reinzulegen. Die sollten denken: Es gibt die NBI wieder und wir sollen den Bundeskanzler wählen, weil er sonst nicht regieren kann. Auf dem Titelfoto quetschte Kohl eine Miss Playboy an den Bildrand, im Heft wurden weitere Höchstleistungen vorgestellt, zu denen Ostdeutsche fähig sind, wenn sie nur ihre Stimme der CDU geben, wie etwa der Rentner, der seinen Fuß sagenhafte 2,02 Meter hoch kriegt, und das mit Ost-Rente. Dass die NBI einmal ein derartiges Propagandablatt würde, haben weder sie noch die Zone jemals verdient. Das wäre so, als wenn die PDS *Quick* oder *Tango* – ach es gibt keinen Vergleich.

Warum der erhoffte Effekt bei der Wahl ausblieb, ist nicht ermittelt. Möglicherweise fanden die Ossis, jetzt sei die CDU zu weit gegangen, oder der Effekt wurde erzielt, hat aber trotzdem nicht gereicht. Dann läge es an mangelnder Konsequenz; Hintze hätte für die ostdeutsche Jugend auch das *neue leben* wiedergründen sollen.

GRUND 99: SWINGERCLUBS

Alles kann, nichts muss – das ist das Gegenteil von der DDR. Das Bedürfnis nach Abwechslung scheint mit der Wende gewachsen zu sein, auch auf sexuellem Gebiet. In dem zum Swingerclub ausgebauten unrenovierten Haus an der Durchgangsstraße treffen die Paare zwar auch nur auf die gleichen Typen, aber dann ist es erst recht kein richtiges Fremdgehen.

Wenn ein passionierter Swinger verkündet: «Ich bin passionierter Swinger», halten ihn Frauen für interessant, denn er garantiert immer mal was Neues. Nur, warum ist er so ein langweiliger Typ? Offenbar braucht er was zum Tauschen, um das Sexleben für die Partnerin aufzufrischen.

Früher war es noch schwerer, einen vergleichbaren Kick zu erlangen. Den bekam man zwar schon bei den Fotos im *Magazin*, doch das *Magazin* war nicht zu kriegen. Wer das Abo besaß, war multipel glücklich. Sowohl wegen der Errungenschaft mitsamt der monatlichen Erotik, als auch der damit verbundenen Position. Als Tauschobjekt wäre ein Heft geeignet gewesen, doch man tauschte es nicht ein. Aber der Klempner ließ sich allein dadurch zum Arbeiten bestellen, dass im Zimmer *Magazine* herumlagen.

Einen vergleichbaren Wert haben die Swingerclubs nicht aufzuweisen. Das erklärt den Zustand ihrer sanitären Anlagen.

GRUND 100: NEUE BUNDESLÄNDER

Wieviele Jahre muss ein Land Bundesland sein, bis es kein Neues Bundesland mehr ist? Deutschland sei größer geworden, ist zum Jahrestag zu vernehmen. Denn die ehemalige DDR darf jetzt auch zu Deutschland gehören, und die Ossis können auch mitmachen. Als Insassen der Neuen Länder sind Ossis ewig Neulinge in der Welt der Bundesrepublik und Europas. Der Beitritt war zu simpel. Ein Initiationsritus hätte die Aufnahme der Zonenländer plausibel gemacht und sie zu vollwertigen Mitgliedern werden lassen, wovon auch für die Bewohner etwas abgefallen wäre. Die östlichen Länder werden Neue Länder heißen, bis sie sich so weit abgenutzt haben, dass sie umbenannt werden in die Später Dazugekommenen Bundesländer.

GRUND 101: DIESES BUCH

Das gemeinsame Ärgernis für alle dürfte dieses Buch sein. Manch einer wird entsetzt aufschreien, weil so ein Buch geschrieben und verkauft wird. Denn dieses Buch ist nicht nur dieses Buch, sondern *so ein Buch*. Müssen wir uns so ein Buch überstülpen lassen? Nach dem Lesen werden die Bauchschmerzen umschlagen in Empörung, weil alles ganz anders gewesen ist. Irgend jemand wird einwenden, bei ihm träfe das Gegenteil zu, er habe sich niemals unterdrückt gefühlt, wäre nie auf unfreundliche Taxifahrer getroffen, die Zeit in der Kinderkrippe seien die besten Jahre seines Lebens gewesen, die Wortspiel-Titel eines jeden Ost-Kabaretts hätten mehr Humor als sämtliche sogenannte Comedy der Herren Raab und Schmidt zusammen, und überhaupt sind die anderen auch nicht besser. Oder jemand stimmt inhaltlich zu, hat aber Bedenken, weil doch wir Ossis zusammenhalten müssen. Es sei zwar alles genau wie beschrieben, aber wozu muss man das auch noch lesen? Hätte man stattdessen nicht lieber ein anderes Buch schreiben sollen?

Völlige Ratlosigkeit bleibt bei allen anderen, die sich fragen: «Unn desderweeschn soll sch jedse geen Ossi mär bleim?»

101 Gründe Kein Ossi zu sein

Allgemeine Systematik

Die DDR

Die Wende

Begegnungen

Befindlichkeiten

IN DER REIHE 101 GRÜNDE IST BEI RAKE
AUSSERDEM ERSCHIENEN

101 GRÜNDE Nicht in Deutschland zu leben
von Oliver Böhm
ISBN 3-931476-47-2

Geiz
Missgunst
Selbstsucht
Penibilität
Republikflucht?

Oliver Böhm schildert uns in seinem Band «101 Gründe Nicht in Deutschland zu leben» die Dekadenz und Versnobtheit der Deutschen, vor allem der «Westdeutschen». Er greift den Trend unserer Generation auf, aus diesem Land abzuhauen. Die typisch deutschen Charaktermerkmale (Geiz, Missgunst, Selbstsucht, Penibilität usw.) werden anschaulich gemacht an alltäglichen Ereignissen, die einem das Leben in unserem Land vergraulen können. Das fängt im Aldi an, geht über auf die 68er-Generation und hört nicht auf bei den Vertretern der «Generation Golf»! Schlussendlich fordert er uns auf, Deutschland zu verlassen. Doch wohin? In den Osten?

101 GRÜNDE Ohne Frauen zu leben
von Jens Oliver Haas
ISBN 3-931476-41-3

*Die Verbindung von Mann und Frau ist
eine Erfindung der Zivilisation.*

Wollen Sie den Unmut des Klerus, der Historiker, aller Ex-68er und eines Großteils der Frauen auf sich ziehen? Riskieren Sie es mit dem Kauf dieses Buches und schauen Sie nach, ob nicht noch ein paar Gruppen fehlen!

Ein Buch, in dem Männer sich erkennen und das Frauen endlich einen Einblick in die verwirrende Gedankenwelt ihrer besseren Hälfte erlaubt. Also Pflichtlektüre für Männer, Frauen und alle, die sich noch nicht ganz entschieden haben.

Der Autor Jens Oliver Haas lebt in Köln und ist unverheiratet.

«Wahrscheinlich erkennen sie (die Frauen) sich wieder!»
HR 3, Pop und Weck

«Die Gründe sollte man nicht auf die Leichte nehmen. Bitterböses Werk zum Schmunzeln.» *Bild*

«Plädoyer für den Mann als einsamen Wolf ... vergnüglich zu lesen.»
Kieler Nachrichten

«Ein Muß für geplagte Männerseelen!»
Hamburger Abendblatt

101 GRÜNDE Ohne Männer zu leben
von Gerlis Zillgens
ISBN 3-931476-43-x

Männer sind Muttersöhnchen
Männer sind Machos
Männer kennen das Abseits
Männer machen Forellen-
bäckchensalat

»Arme Männchen, arme stolze Pfauen! Sie spreizen ihr Rad zu
Eroberungen, kaum daß sie laufen können!«

Jean Anouilh

Durch Türenknallen, Tooor-Brüllen, Schnarchen, Zähneknirschen und Pfeifen ist der Mann nachweislich die häufigste Geräuschbelästigung im Alltag. Wer kennt sie nicht, die kleinen und größeren Widrigkeiten, die da heißen hygienische Abarten, sexueller Hochleistungszwang und haarsträubende Häßlichkeit? Gerlis Zillgens hat uns 101 Gründe gegeben, ohne Männer zu leben. Das Pendant zu »101 Gründe Ohne Frauen zu leben« ist ein erstklassiger Return, spritzig, witzig, frech!

Mit einem Vorwort von Erika Berger!

101 GRÜNDE Kein Fernsehen zu gucken
von Jens Klocke & Laabs Kowalski
ISBN 3-931476-40-5

Unsere tägliche Soap gib uns heute, und führe uns nicht in Versuchung, anstatt in die Röhre zu gucken, Bücher zu lesen. Es sei denn, es sind Bücher über das Fernsehen.

46 Jahre TV sind genug! 101 lästerliche Betrachtungen von den erfahrenen Fernsehautoren Kowalski und Klocke zum schrillsten Medium der Welt samt seiner Heldinnen und Helden. Der Blick hinter die Kulissen offenbart so manch stillgehaltenes Geheimnis, das amüsant und provozierend mit den Stars und Sternchen und deren Machern abrechnet! Ein Buch für alle, die Fernsehen hassen. Oder lieben.

Die Autoren Jens Klocke und Laabs Kowalski arbeiten selbst seit zehn Jahren fürs Fernsehen und schrieben unter anderem für RTL-Samstag-Nacht, Switch, Wie Bitte?!, Anitas Welt sowie für Harald Schmidt, Rudi Carrell, Karl Dall, Arabella Kiesbauer, Kai Böcking, Thomas Koschwitz, Lutz Reichert, Horst Wennemann, Max Schautzer u. v. a.

«Das gemeinste Buch: 101 Gründe Kein Fernsehen zu gucken»
Bild

«Bissig geht's gegen Talkshows, Talkerin Vera Int-Veen und Seifenopern.»
Bild

«Hier endlich das Beschwerdeheft für Fernsehgeschädigte – also für uns alle!»
journal Frankfurt

101 GRÜNDE Nicht zu studieren
von Bernd Zeller
ISBN 3-931476-42-1

Vom Tollhaus Universität
und seinen Insassen.
Man sollte Eintritt
dafür verlangen!

Bernd Zeller, Autor für die Harald-Schmidt-Show (»unser Ossi«) und mit reichhaltigen Erfahrungen als Student ausgestattet, hat aus dem Vollen geschöpft. Herausgekommen ist eine erstklassige Satire über die Unis und das Studentenleben, über die Professoren und ihre Marotten. Das Ergebnis: Die Uni ist ein Mikrokosmos, in dem jede Art von Macken, Neurosen und Psychosen aufs Prächtigste gedeiht.

101 GRÜNDE Keine Kinder zu kriegen

von Stefanie Baumm

ISBN 3-931476-44-8

Kinderschutz? Pah!
Elternschutz, das ist es,
was wir brauchen.

«*Während ich noch schrieb, glitt mein Blick über den Rand meines Laptops hinweg auf ein Wesen von noch nicht einmal einem Meter Länge, das marodierend durch meine Küche zog, eine Spur der Verwüstung hinter sich lassend. Leichenreste angenagter Brötchen und zerquetschter Bananen pflasterten seinen Weg, derweil es unbeirrt auf den Schrank mit dem guten Geschirr zusteuerte – den Tod in den Augen. Kinderschutz? Pah! Elternschutz, das ist es, was wir brauchen.*»

Lesen Sie «101 Gründe Keine Kinder zu kriegen», bevor Sie sich auf das Wagnis «Kind» einlassen. Wenn Sie schon welche haben, so ist dieses Buch Trost und Aufmunterung – Kopf hoch, da müssen Sie durch!

101 GRÜNDE Ohne Eltern zu leben
von Katrin Lange

ISBN 3-931476-49-9

«Wenn du groß bist, dann ...»

Als Beitrag zur immerwährenden Diskussion des Generationenkonflikts hat Katrin Lange, 25 Jahre jung, in ihrem Band «101 Gründe Ohne Eltern zu leben» abgerechnet mit dem Joch der Erziehung: mit den Vorbildern, die gar keine sind, mit leeren Versprechen und der Widersprüchlichkeit der Eltern im sprichwörtlichen Sinne. Ein Buch, in dem sich Eltern schmunzelnd wiederfinden und Kinder, welchen Alters auch immer, sich bestätigt sehen! Ein Buch also für die Generationen?

101 GRÜNDE Ohne Fußball zu leben
von Marko Lucht & Dirk Udelhoven
ISBN 3-931476-46-4

Spielen Sie Fußball?
Oder sehen es im TV?
Mögen Sie etwa Fußball?

Dann lesen Sie diesen Ratgeber, und bereiten Sie sich auf 101 Gründe vor, die Ihnen die Freude an «der schönsten Nebensache der Welt» nicht nur verderben werden! Sehen Sie die Welt nach der Lektüre mit ganz anderen Augen: Frauen, Glücksspiel, Alkohol – es gibt viele Dinge, für die zu leben es sich lohnt. Verplempern Sie Ihre Zeit nicht mit Fußball, es lohnt sich nicht!

101 GRÜNDE Kein Auto zu fahren
von Matthias Sommer & Björn Pfeffermann
ISBN 3-931476-45-6

Das Auto ist der größte Feind
des Homo sapiens!

Durch Begegnungen mit ihm kommen täglich mehr Menschen ums Leben als durch Giftschlangen, Tiger, Kampfhunde, Haie, Piranhas, Skorpione und Kannibalen zusammen. Gut, man könnte sich fragen, ob das so schlimm ist. Vielleicht stellt es ja nur ein Mindestmaß an natürlicher Auslese sicher. Wer im Verkehrsdschungel nicht durchkommt, hat sich als untauglich für unsere Auto-Zivilisation erwiesen. aber eine solche Sichtweise ist schon arg darwinistisch. Fest steht, das hinter dem Steuer jedes Autos ein WEsen sitzt, das gefährlicher ist als Giftschlangen, Tiger, Kampfhunde, Haie, Piranhas, Skorpione und Kannibalen zusammen: der Autofahrer.

Sommer und Pfeffermann haben 101 Gründe gefunden, kein solcher zu werden. Lesen Sie nach, und Sie werden voller Inbrunst wieder in die Pedalen treten!